김이경

초등학교 때 국어 교과서를 큰 소리로 읽다가 어머니의 칭찬을 듣고
소리 내어 책 읽기의 즐거움을 처음 느꼈다. 당시 집에는 형제들이
읽고 또 읽어서 너덜너덜해진 책 몇 권뿐이었지만 그 덕분에 전집을
가진 친구에게 한 권씩 빌려 읽는 재미도 알게 되었다. 책은 사 주지
못했지만 신문 여러 종을 구독하며 밥상머리에서 여러 가지
이야기를 듣고 말할 기회를 준 부모님 덕분에 비판적 독해와 지식의
중요성을 깨달았다. 고등학생 때 김수영의 『거대한 뿌리』를 처음
읽었다. 전부 이해한 것은 아니었지만 같은 동네에 이렇게 솔직하고
멋있는 시인이 살았다는 사실을 알고부터 시를 내내 읽어 보았고
감상할 줄 알게 되었다. 대학원에서 한국사를 공부하고 대학 강사를
잠시 하다가 학계를 떠난 뒤엔 논술 교사 등을 하며 도서관에서
'죽음, 시간, 여성' 등을 주제로 책을 읽었다. 영시를 읽고 싶어서
한국방송통신대학교 영문과에 편입해 공부했고, 우연히 인연이 닿은
시립 도서관의 독서회에서 20년 넘게 강사로 활동 중이다. 출판사에
취직해 인문서부터 아동물까지 다양한 책을 만들었으며, 틈틈이
몇 권의 책을 번역하고 어린이 책을 쓰기도 했다. 책을 주제로 한
소설집 『살아 있는 도서관』을 비롯해 『싸우는 여자들 역사가 되다』
『애도의 문장들』『시 읽는 법』『시의 문장들』『마녀의 독서처방』,
그림책 『인사동 가는 길』『봄 여름 가을 겨울 창덕궁 나들이』
『서울 성곽길』등을 썼다.

책 먹는 법

책 먹는 법

든든한 내면을 만드는
독서 레시피

김이경 지음

맛있는 한 끼의 독서를 권하며

　어릴 적, 학교에서 돌아온 제가 안방에서 국어 교과서 같은 걸 큰 소리로 읽으면, 안방 옆의 낮고 어둑한 부엌에서 일하시던 어머니는 아주 가끔 "참 잘 읽는구나!" 혼잣말처럼 감탄하시곤 했습니다. 제 자식을 칭찬하는 것은 당신 자신을 자랑하는 것처럼 부끄러운 일이라 여기던 분이었기에 저는 어머니가 실수처럼 흘리는 그 한마디가 얼마나 좋았는지요. 때론 어머니의 그 말이 듣고 싶어서 책을 읽다 말고 입을 다물어 버렸는데, 그러면 어머니는 "왜 더 안 읽니?" 하고 당신이 듣고 있다는 걸 가만히 일깨워 주셨습니다.

　어머니는 가난한 살림을 돕느라 아홉 살 때부터 일을 하셨습니다. 학교에 갈 여유가 있었을 리 없지요. 그 대신 눈이 아리게 종일 일하고 밤에 야학에 가서 읽기와 쓰기, 산

수와 노래를 배웠는데 어찌나 재미있고 좋은지 피곤한 줄
도 몰랐다네요. 어느 날 갑자기 야학에 대못을 친 "일본 놈
들" 때문에 배움은 한순간에 끝나고 말았지만, 어머니는
평생 배움을 동경하고 지식에 대한 경의를 잃지 않았습니
다. 하여 제가 아는 누구보다 빨리 잘 배우는 순발력과 이
해력을 갖고 있었음에도, 늘 당신이 무식해서 행여 당신보
다 많이 배운 자식들을 이해하지 못할까 걱정하셨습니다.

지난해 초가을, 어머니와 모처럼 북한산 자락을 걸었습
니다. 한때 인수봉을 주름잡던 어머니는 무릎 아래 철심까
지 박은 팔십 넘은 할머니가 되었기에 우리는 산을 오르는
대신 느긋하게 둘레길을 걸었지요. 어머니는 여전히 2G폰
을 쓰는 시대착오적인 막내딸과의 데이트를 스마트폰 카
메라로 기록하며 즐거워하셨습니다. 그리고 커다란 느티
나무 아래 앉아서 늙은 어머니와 늙어 가는 딸은 가만가만
이야기를 나눴는데, 문득 어머니가 말씀하셨습니다.

"내가 널 낳아서…… 고생을 시키는구나."

고생스럽다고도 하지 않았고 왜 낳았느냐고도 하지 않
았으며, 그런 말을 하지 않았으니 응당 모를 거라고 사뭇
자랑스럽게까지 여겼지만, 어머니는 이미 알고 계셨습니
다. 이 삶을, 감당할 길 없는 삶을 후회하는 못난 딸의 심중
을 다 읽고 어머니는 미안해하셨습니다. 너를 낳아서 미안
하다, 하셨습니다. 저라는 인간을, 숨은 행간까지 낱낱이
읽어 버린 어머니 앞에서 저는 아무 말도 할 수 없었습니

다. 이런 분에게 툭하면 그것도 모르느냐고 타박하고 이래라저래라 가르치곤 했으니…….

그날 어머니를 보면서 책이 다 무슨 소용인가 싶었습니다. 다섯 수레의 책을 읽고도 세상은 물론 사람 하나 제대로 읽지 못하는 청맹과니인 제가 부끄러웠지요. 그럼에도 다음 날 저는 언제나처럼 도서관에 가서 책을 읽었습니다. 독서가 업業이고 습習이기도 하거니와, 무엇보다 책마저 읽지 않는다면 얼마나 한심한 인간이 되랴 싶어서였지요.

책을 읽고 쓰고 만들며 누구보다 책과 가까운 인생을 살아왔지만 저는 종종 책을 의심합니다. 책을 많이 읽었다고 해서 훌륭한 사람이 되는 것은 아니라고 확신(!)하기도 합니다. 그럼에도 제가 책 읽기를 권하고 이렇게 독서법에 관한 책까지 쓴 이유는 자신의 무지와 부족을 아는 데 책만 한 것이 없기 때문입니다.

책은 내가 아는 세상이 세상의 전부가 아니며 내가 당연시하는 일상이 당연한 것이 아님을 끊임없이 일깨웁니다. 그리하여 내가 누리는 안락에 감사하고 내가 겪는 아픔을 고집하지 않게 하며, 세상이 나를 중심으로 돌지 않는다는 것을 아무 원망 없이 받아들이게 하지요.

물론 모든 책이 그렇거나 독서가 늘 그런 생각으로 이어지는 것은 아닙니다. 오히려 책이 자신의 허물을 합리화하고 타자를 모욕하는 근거로 쓰이는 경우도 많습니다. 그래서 책 읽어 봐야 별거 없다며 독서를 부정하는 목소리가 설득력을 얻기도 합니다. 하지만 좋은 재료로 음식을 했다고 꼭 맛이 있거나 소화가 잘되는 건 아니듯이, 마음의 양식인 책도 먹기에 따라 사람에게 좋을 수도 나쁠 수도 있습니다. 볼품없는 재료가 솜씨 좋은 숙수의 손을 거쳐 근사한 요리로 재탄생하는 것처럼, 독자의 밝은 눈이 책의 내용을 더 깊고 의미 있게 만들 수 있는 것이지요. 바로 이것이 어떤 책을 읽느냐 못지않게 '어떻게 읽느냐'가 중요한 까닭입니다.

"책을 어떻게 읽어야 할까요?"

독자 강연회와 독서 모임에서 자주 듣는 질문입니다. 솔직히 이 질문에 정답이 있다고는 생각지 않습니다. 사람에 따라 책에 따라 읽는 방법은 달라지게 마련이니까요. 이 책에서 제시한 독서법 역시 정답이 아니라 대답입니다. 책을 읽고 쓰고 만들고, 20여 년간 독서회 강사를 하면서 얻은 나름의 노하우로 정리한 제 식의 대답이지요. 아마 누군가는 제 대답에서 정답을 발견하겠지만(부디 그러기를!), 또 다른 누군가에게는 한낱 오답에 불과할 겁니다(미안해요!).

그걸 알면서도 제 독서법을 공개한 이유는, 저처럼 책을 좋아하지만 책이 어렵고 책 앞에서 종종 주눅이 들곤 하는 이들에게 힘을 주고 싶어서입니다. 세상에는 대단한 독서가들이 많지만 저 같은 사람도 그럭저럭 책을 읽으며 살고 있으니 쫄지 말자고요. 그리고 제가 부끄러움을 무릅쓰고 시시콜콜 적어 놓은 독서법에서 힌트를 얻어 나름의 방법을 찾는다면 더 바랄 게 없겠습니다.

이상의 말이 떠오릅니다. "비밀이 없다는 것은 가난하고 허전한 일이다." 저만의 비밀을 털어놓은 지금 가난뱅이가 된 것 같습니다. 제 독서 비밀이 대단한 비법이어서가 아닙니다. 여기 쓴 방법들보다 더 효과적이고 유용한 독서법이 있겠지요. 하지만 이 책에 쓴 방법들은 모두 제가 삶의 고비마다 안간힘을 쓰며 찾아낸, 제 삶의 고민이 담긴 애틋한 비밀입니다. 그러니까 소중히 여기라는 말이 아니라 그러니까 당신도 당신의 삶을 걸고 당신의 독서법을 찾으라는 얘기입니다.

그것을 찾기 위해서는 먼저 질문을 잡아야 합니다. 삶이 던진 질문을 붙들고 책을 읽을 때 가장 열심히 가장 정직하게 읽고, 가장 큰 것을 배울 수 있으니까요. 제 인생에서 가장 열심히 책을 읽었을 때 제게는 간절한 질문이 있었습니다. 첫 물음은 '어떻게 하면 자유로워질 수 있는가?'였습니다. 태어나면서부터 독재 시대를 살아야 했으니 자유를 꿈꾼 건 이상할 게 없지만, 그것은 꼭 독재 체제로부터의 자유만이 아니라 저라는 한 인간이 어떻게 하면 자유로울 수 있는가 하는 개인적인 문제이기도 했습니다.

고등학생 때 도스토옙스키 전집을 섭렵한 것도, 대학에

입학해서 당시에는 잊힌 아나키즘 사상에 관심을 갖고 도서관에서 십여 권의 아나키즘 책들을 복사해 가며 읽은 것도, 그러다 뒤늦게 마르크스주의 책들을 읽기 시작한 것도 그 때문이었습니다. 그 시절 많은 이들이 사회적 모순 때문에 마르크스주의에 관심을 가진 것과 달리 저는 '나'라는 아상我相에서 벗어나 내가 '우리'로 넓어질 때 자유로워질 수 있다는 생각 때문에 마르크스주의를 공부했고, 그 '우리'가 나를 가두는 '우리'가 되는 걸 보고 그 책을 덮었습니다.

그러고는 정처를 잃고 헤맬 때 어머니가 병에 걸렸습니다. 일흔에 가까운 나이에 어머니는 암 수술을 하고 일 년 넘게 항암 치료를 받았습니다. 어머니의 고통은 제게 죽음을 묻게 했습니다. 어머니를 간병하는 틈틈이 하루 한두 시간 집 옆 시립 도서관에 가서 죽음과 노년과 시간에 대한 책을 읽었습니다. 늘 생기 넘치던 어머니를 무너뜨린 질병과 노화를 이해하기 위해 보부아르의 『노년』을 읽었고, 저와 어머니를 슬픔과 두려움으로 몰아넣는 시간의 유한함을 고민하며 하이데거의 『존재와 시간』을 읽었고, 어머니와 저를 각자의 고통 속으로 밀어 넣는 죽음의 냉혹함을 알기 위해 죽음에 관한 책들을 읽었습니다. 그 책들을 통해 늙고 병들고 죽는 인간 존재의 필연성에 대해 뭔가를 깨닫기 바랐지만 바람은 늘 그렇듯 바람으로 남았습니다.

그러나 그 모든 수고가 헛된 것은 아니었습니다.

저는 여전히 자유로워질 방법을 모르고 늙고 죽는 당연한 이치 앞에서 어쩔 줄을 모릅니다. 그러나 질문을 갖고 책을 읽으면서 저는 제 질문이 저만의 것이 아니며, 저처럼 많은 이들이 삶과 죽음으로부터의 자유를 꿈꾼다는 것을 알았습니다. 그 앎이 지금 저를 살게 합니다. 우리가 비슷한 존재라는 것, 비슷한 고통을 겪고 비슷한 꿈을 꾼다는 사실에서 힘을 얻습니다.

작고 부족한 책이지만 저 혼자였다면 이마저도 불가능했을 겁니다. 무엇보다 '어떻게 읽을 것인가?'라는 질문을 놓치지 않게 해 준 글두레 독서회의 여러 벗들에게 고맙습니다. 우리가 함께한 지난 20년이 없었다면 이 책은 시작조차 없었을 것입니다. 김경남 님, 이춘매 님. 제게 읽기를 가르쳐 주시고 세상의 행간을 읽도록 이끌어 주신 두 분께 깊이 감사드립니다. 두 분이 제 아버지, 어머니여서 얼마나 다행인지요. 까다로운 필자의 첫 번째 독자 노릇을 하느라 늘 애먹는 종오 씨, 곁에 있어 줘서 고마워요. 그리고 흔들리는 저를 믿고 기다려 준 유유의 조성웅 대표님, 고맙습니다. 마지막으로 지금 이 책을 읽는 당신, 반갑고 고마워요! 부디 이 책이 당신에게 맛있는 한 끼가 되기를 바랍니다.

목차

{ 읽기 시작하는 법 }

독서는 취미로

중학생 때던가, 독서가 취미라고 했다가 오빠한테 한 소리 들었습니다. 독서는 취미가 아니라 사람이면 당연히 해야 할 도리요 의무라고요. 책깨나 읽는다고 자부하다가 어찌나 창피하고 무안했던지. 한데 나중에 법정 스님의 『무소유』를 읽다가 비슷한 얘기를 발견했습니다.

독서가 취미라는 학생, 그건 정말 우습다. 노동자나 정치인이나 군인 들의 취미가 독서라면 모르지만, 책을 읽고 거기에서 배우는 것이 본업인 학생이 그 독서를 취미쯤으로 여기고 있다니 정말 우스운 일이 아닌가.

오빠가 이걸 보고 잘난 체를 했구나, 뒤늦게 배가 좀 아
팠지만 맞는 말씀이다 싶어 마음에 새겼습니다. 그 뒤론
누가 물어도 취미가 독서란 말은 안 했습니다. "책 읽기를
좋아하지만 취미라기엔 뭣하고……" 이러면서 얼버무릴
망정. 그러다 언제부턴가 생각이 바뀌어서 이제는 그냥 독
서가 취미라고 합니다. 텔레비전 보기가 취미라고 하는 것
보다 그게 나아 보여서 그런 거냐고 따지면 딱히 할 말은
없지만요.

책 읽기에 관한 책들을 보면 독서는 취미가 아니라 생활
이고 습관이고 필수고 생존 전략이라고 말하는 경우가 꽤
많습니다. 독서가 삶에 도움이 될 뿐 아니라 아주 중요하다
는 걸 강조하기 위한 말들이지요. 하지만 책과 썩 친하지
않은 경우라면 이런 말을 들을수록 부담감만 커질 뿐, 책을
읽고 싶은 마음은 오히려 줄어들 것 같습니다. 주눅이 든다
고나 할까요. 재미로 책을 읽다가 그걸로 밥벌이까지 한 제
경험에 비춰 보면, 독서가 취미인 것은 우습고 한심한 일이
라기보다 오히려 행복한 일인 듯합니다. 표준국어대사전에
따르면, 취미란 '전문적으로 하는 것이 아니라 즐기기 위
하여 하는 일'입니다. 직업도 좋아하는 일을 하라고 권하는
마당에 아무리 책 읽기가 중요하다고 죽기 살기로 의무감
으로 읽을 게 뭡니까? 좋아서 읽으면 그만이지.

그런데 말이 쉽지, 좋아서 읽는 것도 쉬운 일은 아닙니
다. 잘 알지도 못하는데 어떻게 처음부터 좋아할 수가 있

겠어요. 가령 많은 사람들이 좋아하다 못해 중독되는 술, 담배만 해도 처음 맛보는 순간부터 "와, 좋아!" 이러지는 않습니다. 처음엔 왜 이리 쓰고 맵고 괴로운 걸 좋아할까 의아해하다가, 한 잔 두 잔, 한 모금 두 모금 해 보고 익히면서 길이 들고 좋아하게 되어 나중엔 끊지 못할 정도로 중독이 되는 것이지요.

책도 마찬가지입니다. 책을 펼쳐 읽자마자 "정말 재밌어!" 하는 경우는 드뭅니다. 요즘처럼 글자보다 영상이, 그것도 빠르게 바뀌는 짧고 자극적인 동영상에 길들여진 사람들에게는 10분, 20분 글자를 읽는 일 자체가 낯설고 힘듭니다. 하지만 친해지려면 그 서먹한 시간을 견뎌야 합니다. 사람도 자꾸 만나 이야기를 나누며 친해져야 정이 들고 애정이 가듯이 책도 그렇습니다. 독서가 좋아서 즐겨 하는 취미가 되려면 자주 접하며 정이 들어야 하지요.

첫눈에 반한 책을 읽어라

문제는 친해지는 데도 기술이 필요하다는 겁니다. 철학자이며 심리학자인 에리히 프롬이 쓴 『사랑의 기술』이라는 유명한 책이 있습니다. 스무 살 무렵에 이 책이 진짜 사랑하는 기술을 가르쳐 주는 줄 알고, "사랑은 지배하는 것이 아니라 자유를 주는 것이다" 같은 말에 밑줄을 그으며 열심히 읽었지만 정작 사랑에서는 영 멀어졌던 기억이 있는데, 아무튼 사랑에도 기술이 필요한 건 분명합니다. 비록 당장의 연애를 위해선 에리히 프롬이 일러 주는 심오한 기술art보다는 실용적인 기교skill가 더 쓸모가 있지만요.

연애가 사람을 사랑하는 일이라면 독서는 책을 사랑하는 일이니 당연히 독서에도 기술이, 예술의 수준부터 사소한 기교까지 두루 다 필요합니다. 나는 너를 좋아한다고 들이대는 게 사랑이 아닌 것처럼 책에 적힌 글자를 무턱대고 읽는다고 독서가 되는 건 아닙니다. 서로를 깊이 이해할수록 사랑이 커지고 깊어지듯이 책 읽기도 그렇습니다. 아는 만큼 보인다는 말처럼 책에 대해 알수록, 작가에 대해 이해하고 공감할수록, 독서가 재미있고 깊어지는 것이지요.

그럼 어떻게 해야 책과 친해질 수 있을까요? 뭐니 뭐니 해도 첫째는 책이 마음에 들어야 합니다. 표지든 제목이든 첫인상이 좋아야 한달까요. 소개팅을 하는데 상대가 영 내 스타일이 아니라면 그 사람이 아무리 착하고 똑똑하고 고매한 인품의 소유자라도 관심이 안 생기고 만나고 싶지 않듯이, 아무리 대단한 세계의 명작이라고 해도 내 마음에 아무 느낌이 없다면 그 책을 재미있게 읽기는 힘듭니다. 그러니까 우선은 내 맘에 끌리는 책을 택해야 합니다.

자, 이제 서점에 가서 진열된 책들을 죽 둘러볼까요. 옷이나 신발을 고를 때처럼 이 책 저 책 구경하면서 책장을 넘겨 목차도 보고 머리글도 훑어보면서 자기랑 맞는 책을 고르는 겁니다. 그리고 예쁜 표지 때문이든 그럴싸한 제목 때문이든 눈에 드는 책이 있으면 그 책부터 읽는 거예요. 여행을 좋아하면 여행 책을, 낚시에 관심이 있다면 낚시 책을, 그림을 그리고 싶다면 그림 그리는 법을 가르쳐주는 책을 고를 수도 있습니다. 제 경우 예전에 제주에서 서울로 돌아오는 비행기 안에서 갑자기 불안 발작(공황장애)이 일어나 고생한 적이 있는데, 그러고 나서 불안을 다룬 책을 재미있게 읽고 도움을 받았습니다.

이런 식으로 자기한테 필요한 책을 찾아 읽는 것은 독서와 친해지는 한 방법입니다. 어떤 책이 됐든 지금 나한테 도움이 되고 매력이 있고 재미가 있는 책을 골라 읽으면 됩니다. 괜히 남들이 좋다고 하는 책이나 유명한 작가의 책을 억지로 읽느라 진 빼지 말고 연애소설이든 만화든 실용서든 내 눈을 끄는 책으로 시작해 보세요.

어깨에서 힘을 빼고

우리 민화에 '책거리'라는 게 있습니다. 책이 잔뜩 꽂힌 책꽂이와 붓, 벼루, 도자기 따위가 놓인 서재 풍경을 알록

달록 그려 병풍이나 벽걸이로 만든 그림입니다. 18세기 후반 정조 때 학문적 기풍을 북돋으려는 의도로 궁중에서 시작되었는데, 나중에는 집에 책거리를 두면 아이가 공부를 잘한다는 속설까지 생기면서 민화로 널리 유행했다고 합니다. 아이러니한 것은, 독서광이었던 정조야 책을 가까이 하라는 뜻으로 권장했겠지만 책거리가 유행한 현실은 오히려 정반대였다는 겁니다.

당시 조선엔 손으로 베낀 필사본을 빌려주는 세책점 정도가 있었을 뿐, 출판업이랄 것도 없고 서점도 없었습니다. 송나라 때부터 출판업이 성행해 소설 창작을 자극한 중국이나, 일찍이 국가 차원에서 번역을 지원하고 서점을 설치한 일본과 비교하면 놀랄 만큼 열악한 상황이었는데, 만약 이때 정조가 그림 대신 서점을 만들었으면 정말 책 읽는 사회가 되었을지도 모릅니다. 하지만 그가 권장한 건 진짜 책이 아니라 책을 그린 그림이었고, 그러니 어지간한 양반가가 아니고는 책을 구하기도 힘들던 세상에서 책거리는 빈약한 서재를 가리고 지적 허영을 만족시키는 장식품으로 쓰였던 것이지요. 마치 식민지 시대에 엘리트들이 일본의 신초샤판 세계문학 전집으로 교양을 과시하거나, 1970~1980년대에 반짝반짝 빛나는 양장본 전집들이 부잣집 거실을 장식했던 것처럼 말입니다.

그런데 이처럼 읽지도 않은 책으로 지성을 자랑하는 것은 한국만이 아니라 전 세계적인 현상인 것 같습니다. 오죽하면 프랑스의 문학자 피에르 바야르가 『읽지 않은 책에 대해 말하는 법』이란 책까지 썼을까요. 그는 어떤 책을 못 읽었다고 부끄러워할 필요도 없고 꼭 읽어야 하는 것도 아니라고 말하는데, 이 말에서 위안을 얻은 게 저 하나만은 아닐 거라 믿습니다.

사실 동서양을 막론하고 책이란 게 그 사람의 지적 수준을 판단하는 잣대로 여겨지다 보니 실제 자신의 관심사나 수준과 상관없이 허영의 독서를 하는 경우가 많습니다. 하지만 독서를 즐거운 취미로 삼으려면 책을 고를 때부터 어깨에서 힘을 뺄 필요가 있습니다. 남들이 하니까, 해야 한다니까 하는 일이 재미있기는 힘든 법이지요. 그러므로 아무리 대단한 사람이 읽으라고 하든 말든, 남이야 우습게 보든 말든, 일단은 내 마음이 가는 책을 자신 있게 선택해서 읽는 게 중요합니다.

그리고 읽을 때도 어깨에서 힘을 빼는 게 좋습니다. 가만 보면 의외로 많은 이들이 책을 읽는 데에 부담을 갖는 것 같습니다. '지금부터 독서를 해야지' 하고 책상 앞에서 정색하고 책을 펼치는 식이랄까요. 물론 어떤 책은 책상 앞에서 진지하게 필기도 해 가며 읽어야 합니다. 하지만 책과 친해지는 단계에서는 책상보다 화장실이 더 나을 수 있습니다. 화장실에 동화책이나 괴담집 같은 걸 비치해 두고 볼일을 보면서 두세 꼭지씩 읽는 건데, 이게 생각보다 재미있습니다. 부작용으로 항문 질환이 생길 수는 있으나 꼭 한번 해 보기를!

　다만 혹시 스마트폰으로 읽을 생각이라면 재고하기 바랍니다. 스마트폰 독서가 나쁘단 게 아니라 스마트폰에는 책 외에 다른 기능이 많아서 딴 데로 샐 가능성이 높기 때문입니다. 독서 습관이 붙고 취미가 생기면 스마트폰이든 뭐든 읽는 도구야 상관없지만 처음엔 고지식하게 종이 책으로 시작하라고 권하고 싶네요.

{ 질문하면서 읽는 법 }

왜 책을 읽는가?

편집자로, 필자로, 독서 모임 선생으로 책과 관련된 여러 일을 하면서, 책을 읽고 쓰는 데 일가를 이룬 책의 고수들을 두루 만났습니다. 책으로만 알던 필자들을 만날 땐 설렜고 한 해에 일이백 권씩 책을 읽는 열혈 독자를 보면 놀랍고 반가웠지요.

하지만 설렘과 반가움이 실망과 배신감으로 바뀐 적도 많았습니다. 글을 읽고 존경했던 필자가 실제로는 교만하고 무례해서 실망하기도 하고, 까다로운 독자에게 시달리다 눈물을 쏟기도 했습니다. 특히 인문서를 쓰고 읽는 필자와 독자 들이 타인의 사소한 잘못에도 비분강개하는 경우를 자주 접하면서 왜 보통 사람보다 책을 많이 읽는 이들이 사람에 대해 더 까칠하고 무례한지, 도대체 책을 왜 읽는지 회의가 들었지요.

그때 저를 붙잡아 준 것은 경제학자이자 언론인인 정운영 선생과의 전화 한 통이었습니다. 편집자 시절의 일입니다. 어느 날 신문에서 제가 일하던 출판사 책에 대해 정운영 선생이 근사한 서평을 쓴 걸 봤습니다. 책을 보내지도 않았고 일면식도 없는 분이 조그만 출판사에서 낸 책을 추천해 준 게 고마워 전화를 드렸습니다. 선생은 반가워하시며 팔리지도 않을 텐데 좋은 책을 내 줘 고맙다고 오히려 사례하셨습니다. 책을 보내 드리지 못해 죄송하다고 했더니 "좋은 책은 당연히 사서 봐야지요" 하시는데, 별별 사람들에게서 공짜 책을 보내 달라는 청탁을 받는 데 지쳐 있던 저는 그 말에 가슴이 뻐근해지더군요. 이윽고 선생은 옆에 그 책이 있느냐고 물었습니다. "고칠 것이 좀 있는데 혹시 번거로우면 표시해 둔 내 책을 보내 줄게요" 하시면서. 저는 부랴부랴 책을 가져와 선생이 불러 주는 교정 내용을 표시했습니다.

"다행히 책이 잘 팔려서 재쇄를 찍게 되면 고쳐 주세요."

선생의 서평에 힘입어 저희는 재쇄를 찍고 사실의 오류를 바로잡을 수 있었습니다. 그러나 선생은 당신의 공을 내세우지도, 실수를 한 저희를 닦아세우지도 않았습니다. 다만 조용한 배려와 가르침으로 부족한 저희를 일깨우셨지요. 정운영 선생을 통해 저는 비판에도 배려가 필요하며 애정 어린 비판이 상황을 개선한다는 것을 배웠습니다. 그리고 지성과 인성이 다른 것이 아니며, 책을 열심히 잘 읽는 사람은 타인의 마음과 세상도 그만큼 열심히 잘 읽는 사람이란 것을 알게 되었습니다.

책을 읽는 이유는 여러 가지가 있지만 가장 큰 이유는 좀 더 나은 인간이 되기 위해서일 것입니다. 부족한 지식과 모자란 경험을 채우고 자신을 조금이라도 개선할 요량이 있기에 책을 읽고 배우는 것이지요. 하지만 현실은 다릅니다. 많은 사람들이 별생각 없이 버릇처럼 책을 읽습니다. 근사한 제목에 끌려서 읽기도 하고 남들이 읽는다니까 읽기도 하고 심심풀이로 읽기도 합니다. 저처럼 독서가 일이 되어 의무감으로 읽기도 하고요.

그런데 이렇게 책을 읽다 보면 중요한 것을 놓치기 쉽습니다. 이런저런 지식과 정보로 머리를 가득 채우는 사이, 정작 내 인생에서 풀어야 할 문제는 잊어버리기 때문입니다. 내가 누구인지, 내 삶이 어디로 흘러가는지는 생각도 못하고 온갖 정보들에 취해 마치 모든 걸 아는 듯이 착각하기 십상이지요. 아는 게 병이라는 말이 나오는 것도 이 때문입니다. 알아야 할 것은 알지 못한 채 섣부른 지식으로 자신을 속이고 타인을 모욕하는 경우야말로 식자우환 識者憂患이라 할 수 있습니다.

삶의 물음에 답하는 독서

독자들로부터 책을 어떻게 읽어야 하느냐는 질문을 종종 받습니다. 책을 읽는 방법이야 사람에 따라 책에 따라 그때그때 다르지만 제가 빼놓지 않고 하는 이야기가 있습니다. 자기 안에 질문이 있을 때 읽으라는 겁니다. 책이 던지는 질문이 아니라 삶이 던지는 질문에 집중하는 독서를 하라는 것이지요.

『죽음의 수용소에서』로 유명한 정신의학자 빅토르 E. 프랑클은 "산다는 것은 바로 질문을 받는 것"이고 "삶에 책임지고 답변하는 것"이라고 말했습니다.● 그의 말처럼 삶은 매 순간 우리에게 질문을 던집니다. 어린아이들은 질문이 많아요. 아주 작은 것에도 "저건 뭐야? 왜 그래?" 하고 어른이 지쳐 나가떨어질 때까지 묻습니다. 아이들은 삶이 온통 질문이란 것을 온몸으로 압니다. 그런데 처음 인생을 살기 시작할 무렵엔 하나의 질문도 놓치지 않던 그 아이들이 세상살이에 익숙해지면서 달라집니다. 어지간한 건 다 안다고 여기며 웬만한 일은 묻지도 따지지도 않습니다. 그렇게 질문을, 자신이 질문을 받고 있다는 사실을 잊어버립니다. 그러면서 매사에 심드렁해져요.

하지만 삶이 던지는 질문을 의식하면 그 순간 사는 게

●『삶의 물음에 '예'라고 대답하라』(남기호 옮김, 산해, 2009).

달라집니다. 우스운 예를 하나 들까요. 전에는 횡단보도에 신호등이 깜박거리거나 차를 놓칠 것 같으면 무조건 뛰었습니다. 그러다 신호를 놓치거나 누가 새치기를 하면 화가 나서 씩씩거렸지요. 한데 어느 날, 갑자기 의문이 생기더군요. 내가 왜 뛰나? 내가 왜 이렇게 서두를까? 부랴부랴 집에 가서 뭘 할 건가? 질문에 질문을 거듭한 결과 나온 대답은, 창피하지만 '텔레비전을 본다'였습니다. 딴 사람들을 제쳐 가며 기를 쓰고 집에 와서 제가 하는 일이라는 게 씻고 집안일 하고 책이나 텔레비전을 보며 쉬는 것이니 결국은 그걸 좀 더 오래하려고 그 야단을 했구나 싶더군요. 그 다음부터는 약속에 늦으면 모를까 절대 뛰지 않습니다. 바로 코앞에서 차를 놓쳐도 화내지 않습니다. 집에 있든 거리에 있든 그 시간을 누리면 그뿐이니까요.

사소한 일이지만 스스로에게 질문을 던지고 답하는 것은 이렇듯 삶을 변화시킵니다. 책을 읽는 것도 마찬가지입니다. 요리법이 궁금하면 요리 책을 읽고 어떻게 살아야 할지 모를 때는 철학 책을 펼치듯이, 책이란 알고 싶은 것, 모르는 것이 있을 때 도움을 얻으려 읽는 것입니다. 즉 독서란 살아가면서 생기는 구체적인 물음에 실용적인 해법을 찾는 수단이지요. 그러니 질문이 있을 때 읽는 것은 특별한 게 아니라 너무나 당연하고 기본적인 독서법이라 할 수 있습니다.

질문을 알면 독서가 쉽다

질문에 답하는 독서는 무엇보다 책을 잘 읽는 데에 큰 도움이 됩니다. 공부도 왜 하는지 알면 더 잘한다고들 하잖아요. 독서도 마찬가지입니다. 그냥 심심풀이로 읽는다면 모를까, 뭔가를 배우려고 독서를 한다면 '왜?' 라는 질문을 스스로에게 던질 필요가 있습니다. 책을 왜 읽는지, 삶의 물음을 갖고 읽으면 어려운 책 앞에서도 주눅 들지 않고 내용을 더 잘 이해할 수 있습니다. 그것을 보여 주는 대표적인 예가 가난한 사람들을 위한 인문학 교육으로 유명한 클레멘트 코스입니다.

미국의 사회비평가 얼 쇼리스는 클레멘트 코스를 만들어 노숙자, 재소자, 마약중독자 같은 이들에게 소크라테스와 칸트를 읽히고 시와 미술을 가르쳤습니다. 인문학이 이들에게 희망이 되고 삶을 풍요롭게 하리라는 믿음이 있었기 때문이지요. 하지만 사람들은 과연 이들이 과정을 끝까지 해낼 수 있을지, 이런 '고급' 인문학을 소화할 수 있을지 의심했고, 쇼리스 자신도 가끔은 의심을 떨칠 수 없었습니다.

그러던 어느 날이었습니다. 착하지만 폭력적인 성향의 한 학생이 전화를 해서는 직장 동료와 충돌이 있었는데 너무 화가 나서 그 동료를 패고 싶었다고 말했습니다. 쇼리스는 그가 사고를 쳤다고 생각하며 걱정스럽게 물었습니다.

"그래서 어떻게 했어요?"

"전 제게 물었어요. '소크라테스라면 어떻게 했을까?'" ●

쇼리스가 얼마나 뿌듯했을지 짐작이 가지 않나요. 삶의 물음에 답하는 독서란 이런 것입니다. 소크라테스를 읽을 때는 자신의 삶을 떠올리고, 삶이 던지는 문제 앞에서는 소크라테스를 생각하는 것이지요.

쇼리스가 펴낸 『희망의 인문학』과 『인문학은 자유다』라는 책에는 이처럼 공부도 제대로 못하고 마약에 찌들어 살던 뒷골목 사람들이 『안티고네』와 『지하로부터의 수기』를 읽고, 노예해방론자 존 브라운과 소크라테스를 비교하고, 에밀리 디킨슨의 시를 해석하면서 상처를 치유하고 삶을 바꾸는 이야기들이 가득합니다. 그들보다 더 많이 배우고도 똑같은 책을 끙끙대며 읽었던 저는 그걸 보고 깜짝 놀랐습니다. 어려운 고전들을 주눅 들지 않고 읽고 토론하며 스스로를 변화시키는 그들이 부럽기도 하고, 한동안 질문을 잊고 있던 자신이 부끄럽기도 했지요.

돌아보면 제게도 간절한 질문으로 책을 읽고 그 배움으로 삶을 일신하던 시절이 있었습니다. 스물너덧 살 때였습니다. 돌을 던지고 스크럼을 짜는 친구들과 열심히 학점을 따고 미래를 준비하는 친구들 사이에서 저는 어찌 살아야 할지 몰랐습니다. 이편에도 저편에도 속하지 못한 채 오직

● 『인문학은 자유다』(얼 쇼리스, 박우정 옮김, 현암사, 2014). **33**

자유롭기만을 바라던 어느 날, 프리드리히 엥겔스의 『루트비히 포이어바흐와 독일 고전철학의 종말』이란 책을 읽게 되었습니다. 연구소 세미나에 가는 지하철에서 그 책을 읽다가 "자유는 필연에 대한 인식이다"라는 문장을 봤습니다. 때마침 지하철이 지하를 벗어나 지상으로 올라서는데 그야말로 눈앞이 환해지더군요. 순간, 내가 자유로워지려면 필연을 인식하고 필연을 살아야겠구나 싶었습니다. 그날부터 정말 열심히, 몸에 파스를 붙여 가면서 하루 열 시간 넘게 책을 읽었습니다. 필연을 인식해서 자유로워지겠다는 열망에 사로잡혀 읽었고 읽은 대로 살려고 애썼습니다.

　비록 서른 즈음에 이르러, 내가 믿었던 필연이 정말 필연인지, 필연을 인식할 수는 있는지, 아니 필연이란 것이 과연 있기나 한 건지 깊은 회의에 빠졌지만, 제 인생에서 가장 열심히 공부했던 그 시간에 대한 후회는 없습니다. 그 시간이 없었다면 책도 세상도 제대로 읽을 수 없었을 것이며, 무엇보다도 저 자신을 지금만큼 성찰할 수 없었을 테니까요.

괴로워도 자기 성찰

삶의 물음을 새기는 독서는 스스로를 성찰하게 합니다. 왜 이 책을 읽는가? 이 책이 나에게 무슨 의미가 있는가? 왜 이 문장에 밑줄을 긋는가? 이 문장이 네 인생에 요구하는 것이 무엇인가? 이 문장을 받아들인 너는 어떻게 바뀌어야 하는가? 질문을 할수록 문장의 무게가 커지고 생각이 깊어집니다. 그리고 나 자신을 깊이 들여다보게 됩니다. 내가 무엇을 알고 무엇을 모르며 무엇을 바라고 무엇이 부족한지 숙고하게 됩니다.

솔직히 이런 자기 성찰은 기쁨이나 만족보다 불만과 괴로움을 주기 쉽습니다. 김 서린 욕실 거울로 보면 근사한 얼굴이 환한 형광등 아래서 돋보기로 들여다보면 기미와 잡티, 주름투성이여서 실망스러운 것처럼 말이지요. 사람들이 갈수록 책을 안 읽는 데에는 이런 이유도 있는 것 같습니다. 책을 통해 알게 되는 세상과 자신의 진짜 모습을 보기가 싫어서 아예 눈을 감아 버리는 것이지요.

하지만 그리스의 비극 작가 소포클레스는 이렇게 말했습니다. "근심 없는 사람의 인생만큼 아름다운 인생은 없다. 근심 없는 삶은 참으로 고통 없는 악이다." 그 말처럼, 걱정을 모르는 삶은 편안하고 아름답겠지만 걱정하는 것이 싫어서 눈을 감는다면 그가 감당해야 할 고통은 타자에게 '악'이 됩니다. 자신이 어떤 인간이고 무슨 짓을 하는지 모르는 사람처럼 주위를 괴롭히는 사람은 없습니다. 반성을 안 하니 같은 잘못을 되풀이하고 그러면서도 자신의 잘못을 모르니까 말이지요.

자기를 돌아보고 반성하는 일은 괴롭습니다. 자신의 허물을 직시하는 게 마음 편할 리 없지요. 하지만 조금 괴롭고 힘들어도 우리는 자신을 돌아보아야 하고 스스로에게 물어야 합니다. 나는 어떤 인간이며 어떻게 살고 있느냐고. 내가 누구인지 아는 것은 나 자신의 성숙을 위해서는 물론이요, 다른 사람들과 더불어 살기 위해 꼭 해야 하는 과제입니다.

소크라테스를 깨우친 것은 "너 자신을 알라!"라는 신탁이었습니다. 그리고 신탁에 따라 자신을 알기 위해 평생 질문했던 그는 죽기 전 "내가 아는 것은 아무것도 모른다는 사실뿐"이라고 말했습니다. 나를 아는 것, 나의 무지를 깨닫는 것보다 더 큰 앎은 없습니다. 질문하는 독서는 바로 그 앎을 위한 작은 시작입니다.

{ 있는 그대로 읽는 법 }

책 쓰기만큼 어려운 책 읽기

제가 하는 일 중 하나가 책을 읽고 독후감을 쓰는 것이라서 종종 "글쓰기가 힘들지요?" 하는 질문을 받습니다. "책 읽기가 힘들지요?" 하고 묻는 경우는 없습니다. 읽기보다 쓰기가 힘들다는 상식 때문일 텐데, 전혀 틀린 얘긴 아니지만 그렇다고 읽기는 쉽고 쓰기는 힘들다고 생각하진 않습니다. 독후감을 쓸 때 제일 힘든 일이 '과연 내가 제대로 읽은 걸까?' 하는 의심을 떨치는 것일 정도로 제게는 읽기가 쓰기만큼이나 어렵습니다.

한데 그간의 경험에 비춰 보면 책 읽기를 싫어하는 사람조차 자신이 책을 못 읽는다고 생각하지는 않는 것 같습니다. 문자해득력과 문장해득력은 똑같다고 보고 글자를 읽을 줄 알면 당연히 글을 읽을 줄 안다고 여기는 것이지요. 그래서일까요. '독서를 싫어한다'거나 '책은 골치 아프다'고 얘기하는 사람들은 많아도 '책을 잘 못 읽는다'거나 '글을 이해하지 못한다'고 말하는 사람은 드뭅니다. 오직 어렵기로 소문난 철학서나 전문 학술서의 경우에만 사람들은 무슨 말인지 모르겠다고 솔직히 고백합니다.

그러나 문자해득력은 문장해득력과 다르며, 책(글)을 쓰인 그대로 읽고 이해하는 사람은 생각보다 적습니다. 저역시 어려운 글도 아닌데 엉뚱하게 이해하거나, 전체 문맥과 상관없이 특정 문장이나 낱말에만 매달려 글쓴이의 뜻을 정반대로 해석한 경험이 있습니다.

물론 문학평론가 J. 힐리스 밀러가 말했듯, "모든 독서는 오독"이고 독자에겐 자유롭게 오독할 권리가 있다고 할수도 있어요. 글쓴이의 진짜 의도가 무엇인지 이해하는 것은 어렵고 필자의 의도를 캐는 것이 독서의 전부가 아닌건 분명합니다. 아주 친한 친구끼리 얼굴을 맞대고 대화해도 오해가 생기는데 하물며 잘 알지도 못하는 사람이 쓴글을 완전하게 이해할 수는 없으니까요. 더구나 어떤 글에는 작가 자신도 예상치 못한 무의식이 반영되기도 한다는걸 생각하면 더욱 그렇지요.

하지만 필자의 진의를 알기 어려우며 언어를 통한 소통에는 기본적으로 오해의 위험이 따른다는 것을 인정한다고 해서 모든 오독과 오해가 인정되는 것은 아닙니다. 언어는 사회적으로 약속된 수단이므로 내가 자의적으로 해석하기 이전에 공인된 해석을 고려해야 합니다.

가령 애인에게서 "나는 더 이상 너를 사랑하지 않아"라는 문장이 담긴 편지가 왔다고 해 봅시다. 상식적인 사람이라면 당연히 이별을 떠올릴 겁니다. 그런데 '이건 색다른 연애편지야' 하고 제 맘대로 생각해서 헤어지자는 애인을 계속 쫓아다니는 사람이 있다면 어떨까요. 조만간 스토커로 고발당하지 않을까요. 그러므로 비록 편지의 행간에서 애인의 무의식을 파헤쳐 그 속에 감춰진 뒤틀린 사랑을 읽었다 해도 일단 그 문장이 사랑의 고백이 아니라는 객관적 사실은 받아들여야 합니다. 너무 당연한 얘기라고요? 한데 이 당연한 독해가 제대로 이루어지지 않는 게 현실입니다.

불통의 오독

언젠가 여성학자 정희진이 연재하는 칼럼을 읽다가 말미에 적힌 '필자 주'를 보고 놀란 적이 있습니다. 내용인즉, 자신이 전주에 쓴 「장애인이 공부해서 뭐하냐」라는 칼럼의 제목을 보고 비판하는 독자들에게 그 제목은 논점을 부각시키려고 인용한 것이니 오해하지 말라고 해명한 것이었습니다. 그가 언급한 칼럼●을 읽은 저는 이런 해명을 하는 게 이상했습니다. 왜냐하면 그 칼럼에선 분명히 "'장애인은 공부해도 어디 가서 써먹을 데가 없다'는 생각은 현실과 정반대다. 공부야말로 사회적 약자가 해야 가장 효과적이다"라고 장애인의 학습권을 강조하고 있기 때문입니다.

이런 글을 읽고도 제목을 가지고 문제 삼다니 도대체 뭘어떻게 읽은 것인지, 아니 읽기는 읽었는지 납득이 가지 않더군요. 이 경우 모든 독서는 오독이니 어쩌니 하는 얘기는 무의미할 뿐 아니라 해롭기까지 합니다. 글쓴이에게 자신의 글을 정확한 언어로 명료하게 표현할 의무가 있다면 독자에게는 쓰인 글을 정확히 읽고 비판할 의무가 있는 것이니까요.

그러나 생각보다 많은 독자들이 문맥을 왜곡하고 쓰인 문장을 오해합니다. 그리고 이런 오해 위에서 글쓴이를 비난하거나 숭배합니다. 사랑이든 미움이든 예민한 필자에겐 상처가 되고 오만한 필자에겐 독자를 무시할 근거만 보탤 뿐인데, 문제는 그가 상처를 받는다는 사실이 아닙니다 (실제로는 이런 경험이 필자의 자기 검열을 부추긴다는 점에서 문제가 안 된다고 할 수도 없습니다만……).

정말 중요한 문제는 소통이 실패했다는 겁니다. 독서란 언어를 통해 독자가 다른 세계와 소통하고 필자와 독자가 소통하고 그럼으로써 세상에 새로운 파장을 일으키는 것

●「장애인이 공부해서 뭐하나」, 『한겨레신문』 2014년 7월 25일 자.

인데 그것이 실패한 것이지요. 독서를 골방에서 이루어지는 자위행위로 여긴다면 상관없겠지요. 하지만 독서를 책이라는 사회적 매개체를 통해 이루어지는 사회적 행위로 생각한다면 그 실패에는 글쓴이는 물론 독자도 책임이 있습니다. 저는 독자에게는 오독하지 않을 책임이 있다고 생각합니다. 저자의 권위에 짓눌리지 않는 자유로운 독서는 지지하지만 이런 적극적인 독해와 무관한 오독은 마땅히 피해야 합니다. 더욱이 필자를 비판하고 싶다면 정확한 독해는 전제이자 의무입니다.

선입견이 문제다

그렇다면 어떻게 해야 오독하지 않을 수 있을까요? 이 질문에 답하기 전에 먼저 왜 이런 터무니없는 오독이 일어나는지부터 생각해 봅시다. 제 경험상 오독을 하는 가장 큰 이유는 독자인 내가 가진 선입견이 작용하기 때문입니다. 필자에 대해, 주제에 대해, 때로는 출판 매체에 대해 독자가 갖고 있는 선입견이 이미 어떤 식의 언어나 결론을 전제하고 있을 때 독서는 오염됩니다. 독자가 자신이 기대한 언어나 문장을 발견하기를 원할 때 문장은 그 기대에 의해서 왜곡됩니다.

대표적인 선입견이 정치적 당파성입니다. 보수 성향의 독자는 진보적이라고 알려진 필자의 글을 투명하게 읽기 어려우며 진보 성향의 독자 역시 마찬가지입니다. 필자에 대해 아무 정보가 없을 때는 사용하는 언어나 출판 매체의 경향성이 잣대가 됩니다. 때로는 다루는 주제 자체를 정치적으로 판단해 제대로 읽지도 않고 비난하거나 열광합니다. 그랬다가 나중에 그 필자가 자신의 판단과는 전혀 다른 정치적 입장을 표명하면 배신감을 느끼기도 하지요.

또한 독자가 어떤 주제에 대해 일정한 지식이나 확고한 의견을 가진 경우, 자신이 기대한 수위의 언어가 나오지 않으면 실망감 때문에 글 전체를 폄하하기도 합니다. 실제로 글쓴이가 무엇을 말하고 있는가에 주목하기보다 내 기대에 부응하느냐 못 하느냐로 글을 평가하고 비판하는 것이지요. 책 좀 읽는다고 자부하는 사람들이 종종 '비평'이란 이름으로 견강부회牽强附會의 독서를 거리낌 없이 하는 것도 이런 경우입니다.

사람은 누구나 선입견을 가지고 있습니다. 자라 온 환경, 학교 안팎에서 받아 온 교육, 언론을 비롯한 각종 매체와 인간관계로 접한 다양한 정보와 의견들이 유아기 때부터 우리 안에 켜켜이 쌓여 세상을 보는 눈이 되고 선입견을 이룹니다. 객관적이라는 과학조차 선입견에서 자유롭지 않습니다. 그래서 진화생물학자 리처드 르원틴은 "어느 과학자의 연구 결과에나 뿌리 깊은 선입견이 스며들어 있다"라고 말했지요.

그러나 이를 인식하고 인정하는 경우는 많지 않습니다. 내 몸으로 겪고 내 머리로 생각해 깨달은 것이 아닌데도 사람들은 마치 자기가 경험해서 안 것처럼 여기며 의심하지 않습니다. 그렇게 남의 생각을 자기 생각인 양, 세상이 인정한 권위를 자신의 권위인 양 착각하는 눈은 사람도 사물도 있는 그대로 보지 못합니다.

의심하는 자아, 반성하는 독서

현대 일본 최후의 정치사상가로 불리는 후지타 쇼조라는 사람이 있습니다. 도쿄대학을 나와 교수가 되었으나 학계가 또 하나의 권력으로 군림하는 것을 보고 교수직을 버리고 육체노동자가 된 철저한 지식인이지요.

그는 죽기 전에 펴낸 『전체주의의 시대경험』이란 책에서, 현대는 "욕구의 충족을 일삼는 심리학적 자아의 시대"라고 진단합니다. 그가 이 이야기를 한 것이 1984년인데, 지금 보면 심리학이 유행하는 최근의 한국 사회를 두고 한 말인 것만 같습니다. 아무튼 그는 이렇게 자신의 심리에만 골몰하는 자아에 맞서 데카르트의 반성적 자아를 이야기합니다.

그에 따르면, 데카르트의 '생각하는 나'는 자신을 의문의 대상으로 삼는 자아입니다. "학교와 사회에서 받아들인 것들에 의해 스며든 일체의 허위와 편견을 의심과 사고를 통해 제거하고" 사물의 참된 모습을 드러내는 자아이지요. 쇼조는 서구에서 근대 자연과학이 발전할 수 있었던 것은 그 덕분이라며, 의심하는 자아, 반성하는 자아를 강조합니다. 그리고 자아를 흔드는 경험의 중요성을 역설합니다.

독서는 부족하나마 그러한 경험의 하나입니다. 책 읽기야말로 스스로를 돌아보는 반성의 한 방법이에요. 책을 통해 직접 경험할 수 없는 다양한 세계와 견해를 접하고 이를 거울삼아 자신을 돌이켜 보는 것, 그것이 바로 독서가 가진 의미입니다. 이때 자신을 돌아본다는 건 자기 안의 허위와 편견을 들여다보는 것이며, 최대한 투명한 눈으로 자신과 세계를 보려고 노력하는 것입니다.

책 읽기가 의미를 가지려면 이런 '노력'을 해야 합니다. 독자는 자신이 알게 모르게 쌓아 온 선입견으로 책을 읽지는 않는지, 그래서 반성적 자아를 키우는 대신 완고한 자아의 성을 쌓고 있는 건 아닌지 끊임없이 되물어야 합니다. 그러지 않으면 독서는 오히려 세상이 인정한 권위 있는 책과 저자를 내세워 스스로의 부족함을 가리려는 허위의 몸짓이 될 뿐입니다. 자신의 앎과 실천이 아니라 읽은 책의 목록을 훈장으로 삼는 허영의 독서를 하는 것이지요.

그럼, 선입견을 버리고 책을 있는 그대로 읽으려면 어떻게 해야 할까요?

무엇보다 중요한 것은 읽기 전에 판단하지 않는 것입니다. 제가 3수 끝에 완독한 스피노자의 『에티카』에는 이런 구절이 나옵니다.

"나는 독자들에게 나와 함께 천천히 한 걸음 한 걸음 나아갈 것을, 그리고 이 문제들을 꼼꼼히 읽을 때까지 그에 대해 판단하지 말 것을 요청한다."

스피노자가 이 말을 한 곳은 책의 도입부가 아니라 2부의 주석입니다. 그러니까 한참 논리를 전개하다가 불쑥 이런 당부의 말을 쓴 것이지요. 왜 그랬을까요?

『에티카』는 지금 봐도 낯선 문법의, 형식과 내용이 모두 파격적인 난해한 책입니다. 더구나 당시 사람들이 갖고 있던 신에 대한 통념을 뿌리째 흔드는 책이에요. 스피노자는 누구보다 이런 현실에 대해, 인간과 대중의 심리에 대해 잘 알았던 사람이므로 자기 책을 읽기가 쉽지 않으리란 것을 알았을 겁니다. 하여 혹시나 다 읽지도 않고 자신의 주장을 오해하거나 억측할까 봐 걱정이 되었겠지요. 그래서 그는 독자에게 요청합니다. 어렵더라도 꼼꼼히 읽어 달라고, 읽기 전에 섣불리 판단하지 말아 달라고. 그가 신신당부했듯이, 있는 그대로 읽으려면 내 생각을 앞세우지 말고 투명한 눈으로 글쓴이의 문장을 따라서 천천히 나아가는 게 중요합니다.

그러나 아무리 판단하지 않으려 해도 책을 읽다 보면 어느 순간 필자에게 몹시 열광하거나 혹은 냉소하고 있는 자신을 발견할 때가 있습니다. 그럴 때는 잠깐 책 읽기를 멈추고 돌아보세요. 지금의 열정 혹은 냉정이 어디서 연유하는지 따져 보는 겁니다. 글에 매혹되었다면 어떤 부분이 그런지, 불만이 생겼다면 무엇 때문인지, 지나온 책장을 되넘기며 숙고하는 거지요. 10분만이라도 그런 되새김 과정을 거치면 열정과 냉정으로 뜨거워졌던 눈길이 차분해지면서 눈앞의 글을 쓰인 대로 읽을 마음의 여백이 생깁니다. 예, 10분이면 충분합니다. 10분만 숨을 고르며 돌이켜보면 놓쳤던 것을 포착할 수 있습니다. 불같이 화가 치밀 때 잠깐 숨을 고르고 터져 나오는 말들을 삼키기만 해도 우리의 삶이 훨씬 달라지듯이, 책 읽기에도 이런 **잠깐 멈춤**이 필요합니다.

또 하나, 내가 오해했을지 모른다는 가능성을 항상 염두에 두어야 합니다. 특히 어떤 글을 비판하고 싶을 때는 이 가능성을 더욱 크게 느껴야 합니다. 칭찬도 그렇지만 비판은 정확히 알고 해야 하는 것이므로, 책이나 필자를 비판하고 싶다면 더 꼼꼼히 읽고 확인해서 정곡을 찔러야 합니다. 어설픈 독서로 말꼬리나 잡고 늘어지는 건 비판하려던 필자의 기氣만 세우고 독자의 격格을 떨어뜨리는 짓이니 마땅히 삼가야 합니다.

{ 다독하는 법, 정독하는 법 }

백 권씩 읽을 필요는 없다

집 앞 구립 도서관 게시판에 '100권 책 읽기'라고 커다랗게 적힌 포스터가 붙어 있습니다. 초등학생들에게 100권의 권장 도서 목록과 독서 기록장을 주고 잘 읽고 잘 쓴 학생에게는 상도 준다고 합니다. 어린이들에게 1년에 100권이나 읽으라는 건 아니겠지만(설마?) 어쨌거나 듣기만 해도 숨이 막히는 기분입니다.

언젠가부터 100권 읽기가 유행입니다. 100권, 심지어 200권 읽기를 새해 목표로 세웠다는 이야기를 심심찮게 듣는데 그때마다 '왜?' 하는 의문이 듭니다. 올해 나는 무엇을 공부하겠다거나 어떤 책을 읽겠다고 한다면 이해가 갑니다. 하지만 왜 꼭 100, 200 숫자를 정해 읽을까요? 더욱이 그렇게나 많이.

책이 좋은 건 언제 어디서든 내가 읽고 싶을 때, 읽고 싶은 만큼 읽을 수 있어서라고 생각합니다. 영화나 연극처럼 극장에 들어가서 정해진 시간 동안 꼼짝없이 봐야 하는 게 아니고 언제든 보다가 덮을 수도 있고, 지루하면 건너뛸 수도 있고, 원하면 맨 뒤에서부터 거꾸로 읽을 수도 있으니까요. 이렇게 내 맘대로 할 수 있는 자유로움이야말로 책이 가진 커다란 매력 중 하나지요. 그런데 100권을 읽자고 목표를 정하면 얘기가 달라집니다. 중간중간 건너뛸 수는 있지만 어쨌든 끝까지 최대한 빨리 읽는 게 중요합니다. 독서도 실적이 되고 속도전이 되는 건데, 왜 그렇게까지 기를 쓰고 읽어야 할까요?

"해내면 독서 습관도 붙고 자신감도 생길 것 같아요."

강연회에서 만난 독자의 대답입니다. 그분은 회사에서 퇴직을 하고 우두망찰해 있다가 독서로 삶을 바꾼다는 자기계발서를 읽고 100권 읽기를 목표로 세웠다고 합니다. 아하! 대답을 들으니 왜 그렇게 읽는지 알 것 같더군요. 그래서 부디 목표를 이루시라고 응원했지만 100권 읽기에 회의적인 마음이 바뀐 것은 아닙니다.

책을 많이 읽는 건 나쁘지 않습니다. 목표를 세워 열심히 하는 것도 그렇고요. 하지만 경제개발 5개년 계획을 하듯이 독서를 수량으로 계산하고 그걸 달성하는 데에 목표를 두는 건 책과 어울리지 않습니다. 얼마나 많이 만났는지, 얼마나 비싼 선물을 받고, 이벤트는 뭘 했는지로 연인들의 사랑을 잴 수 없는 것처럼, 책 읽기 역시 얼마나 많이 읽었느냐보다 무슨 책을 어떻게 왜 읽었는지가 중요합니다.

독서란 쓴 사람과 읽는 사람의 만남이며 또 다른 세계와의 만남입니다. 그리고 만남에서 중요한 것은 결과가 아니라 과정이지요. 업무상 만나는 관계에서조차 우리는 사람에 대한 예의와 진실성을 강조하며 실적은 그 결과로 주어진다고 말합니다. 최고의 세일즈맨들이 하나같이 하는 얘기가 돈보다 사람에 집중했더니 돈은 따라오더라고 하지 않던가요.

책과의 만남도 마찬가지입니다. 읽는 순간에 집중하고 즐기면서 한 권씩 읽다 보면 어느 순간 독서가 재미있어지고 배움이 쌓입니다. 그런데 1년에 100권, 200권 목표를 세워 놓으면 만나는 과정보다 만났다는 결과에 초점을 두고, 읽었다는 사실로 자랑을 삼기 쉽습니다. 주객이 전도되는 것이지요. 정말 중요한 건 독서 목록을 늘리는 것보다 시야를 넓히는 것이고 마음의 크기를 늘리는 것인데 말이에요.

한 권으로 충분하다고?

그런데 백 권씩 읽을 필요가 없다고 해서 한 권만 읽어도 된다는 뜻은 아닙니다. 다독보다 정독이라니까 가끔 좋은 책 한 권만 잘 읽으면 된다고 하는 분들이 있어서 하는 얘기입니다. 저도 한때 그런 말에 혹한 적이 있습니다. 『삼국지』에 인생의 모든 것이 들어 있으니 그것만 읽으면 된다는 말을 듣고 그 책을 열두 번도 넘게 읽었습니다. 그래서 인생에 대해 뭘 알았느냐 묻는다면, 글쎄요…….

오히려 읽으면 읽을수록 의구심만 들었습니다. 인민 people의 요구와 권리는 도외시한 채 권모술수에만 골몰하는 정치, 인간을 성·민족·지역·계급 등을 이유로 차별하는 풍토가 『삼국지』에서 기인하는 것은 아닌가 싶더군요. 저만 그런 생각을 하나 싶었는데 아닙니다. '중국 문화계의 거장'으로 꼽히는 문학비평가 류짜이푸 역시 『쌍전』이란 책에서, "『삼국지』는 권모술수와 음모, 교활한 심보의 집대성"이라며 그런 책을 경전으로까지 높이는 문화 풍토를 신랄하게 비판했으니까요.

저는 『삼국지』 아니라 그 어떤 책도 한 권에 이 세상의 진리가 담겨 있는 경우는 없다고 생각합니다. 당연히 제아무리 좋은 책도 한 권만 읽어서는 뭘 아는 건 고사하고 뭘 모르는지조차 모르기 십상이지요. 그러므로 무지를 깨치기 위해서는 물론이고, 단순히 글을 잘 읽기 위해서도 어느 정도의 독서량은 필수입니다.

변증법 입문서에 자주 나오는 '양질전화量質轉化의 법칙'이란 것이 있습니다. 물이 끓어 수증기가 되듯이 양적인 축적이 있어야 질적인 도약이 이루어진다는 뜻이지요. 비슷한 얘기로 말콤 글래드웰이 베스트셀러 『아웃라이어』에서 주장한 '1만 시간의 법칙'도 있습니다. 한 분야에서 일가를 이루려면 타고난 재능보다도 1만 시간 이상의 노력이 중요하다는 겁니다. 제가 좋아하는 일본의 서평가 요네하라 마리는 하루에 무려 일곱 권이나 읽었다고 합니다. 이것은 아주 특별한 경우지만 아무튼 책도 일정량을 꾸준히 읽어야 문장에 대한 이해가 깊어져 독해력과 문장력이 생기고, 책을 보는, 나아가 세상을 보는 안목이 길러집니다.

단, 여기에는 조건이 있습니다. 무작정 많이 읽는다고 안목이 생기지는 않습니다. 근대 철학을 발전시킨 데카르트는 『정신지도의 규칙들』이란 저술에서, "플라톤과 아리스토텔레스의 이론을 읽었다 하더라도 주어진 문제에 대해 확고한 판단을 내릴 수 없다면 우리는 결코 철학자가 될 수 없다"•라고 했습니다. 이는 스스로 질문하고 생각할

● 『데카르트 연구』(최명관 옮김, 창, 2010). 데카르트가 '규칙들'의 제3규칙을 설명하며 쓴 이 대목은 몽테뉴가 『수상록』에서 쓴 다음 문장, "우리는 '이것이 플라톤의 도덕이다, 이것이 아리스토텔레스의 말이다'라는 식으로 말할 줄 안다. 그러나 우리 자신은 뭐라고 말하나? 우리는 어떻게 판단하는가? 우리는 무엇을 하는가?"라는 문장과 아주 비슷합니다. 진리는 유동적이라 보았던 몽테뉴와 달리 데카르트는 절대적이고 객관적인 진리를 추구

줄 모르면서 무턱대고 읽기만 하는 무능하고 무지한 독서인의 행태를 꼬집은 말입니다.

책을 읽되 깊이 생각하면서 섬세하게 읽지 않으면 이런 독서인이 되고 맙니다. 책 따로 생각 따로 행동 따로인 사람이 되는 것인데, 이럴 바에야 책을 많이 읽을 필요가 없습니다. 책을 많이 읽으라는 건 다양한 세계를 접하면서 시야를 넓히고 마음을 열라는 뜻이지 다독을 훈장 삼아 어설픈 훈장질이나 하라는 뜻은 아니니까요.

앉으나 서나 정독

책에 쌓인 먼지를 털어 내고
단정한 차림으로 옛사람을 대하네.
책에 쓰인 건 모두 피와 땀이라
알고 나니 정신을 돕네.
도끼를 들어 주옥을 깨고
그물을 쳐 고운 물고기를 잡듯
나도 한 자루 비를 들고
온 땅의 가시를 쓸리라.

했지만, 그 출발에서는 몽테뉴의 회의주의와 자기 성찰의 철학에서 깊은 영향을 받았음을 짐작하게 하는 대목이지요.

허균, 박지원, 정약용, 이덕무 등 조선 후기 지식인들에게 영향을 끼친 명나라의 문인 원굉도가 쓴 「독서」라는 시입니다. 짧은 시 안에 책을 대하는 진지한 태도, 책에 적힌 글자 하나 문장 하나도 놓치지 않는 꼼꼼한 읽기 그리고 책에서 얻은 지식으로 세상을 바로잡겠다는 지독한 책임의식까지, 정독精讀의 기본자세가 다 들어 있습니다.

정독이란 이처럼 진지하고 정성스럽게 읽는 것을 말합니다. 이때 "단정한 차림", 즉 바른 자세는 그 출발점이자 토대로써 많은 이들이 강조하는 것이지요. '자유로운 글쓰기'로 유명한 박지원만 해도 책에 대해서는 아주 엄격해서, 책 앞에서 하품을 하거나 기지개를 켜서는 안 되며 재채기가 나오면 고개를 돌려서 해야 한다고 할 만큼 반듯한 태도를 강조했어요. 박지원의 글쓰기가 가볍다고 비판한 정조는 한 술 더 뜹니다. 그는 "어떤 책을 읽느냐 못지않게 어떤 자세로 읽느냐가 중요하다"면서, 당시 유행하던 중국의 수진본袖珍本(소매 안에 넣고 다닐 수 있는 작은 책) 때문에 누워서 책을 보는 '게으른 습관'이 퍼지고 있다며 중국 서적 수입을 금지하기도 했답니다.●

이 정도까지는 아니지만 제 경험에 비춰 봐도 어려운 책, 생각할 거리가 많은 책일수록 책상 앞에 단정히 앉아서 읽으면 좋습니다. 일단은 정신을 바짝 차리게 되거니와, 이런 책은 읽으면서 메모를 하는 경우가 많아서 책상을 이용하

●『독서와 지식의 풍경』(배우성, 돌베개, 2015).

는 쪽이 편하기도 합니다.

하지만 반드시 그런 것은 아닙니다. 일본의 전방위 지식인 가토 슈이치는 무릎을 꿇고 엄숙하게 독서하던 전통을 비판하면서, 누워서도 읽고 길 위에서도 읽고 똥 누면서도 읽으라고 권합니다.[●] 중국의 서평가 천쓰이도 경전이라 해서 무릎 꿇고 읽지 말라고 일갈했지요.[●●] 저명한 고전이라고 무조건 머리를 조아릴 필요는 없다는 뜻인데, 맞는 말입니다.

그런데 이것은 책의 유명세에 혹해 지레 주눅 들거나 우러르지 말라는 얘기지 아무렇게나 대충 읽으란 뜻은 아닙니다. 원굉도가 시에서 말한 "단정한 차림"이란 '단정한 마음'을 뜻하며 '열심히 읽겠습니다' 하는 자세의 표현입니다. 비판을 하더라도 일단은 열심히 읽은 뒤의 일이니, 책상이든 변소든 앉아서든 누워서든 언제 어디서나 마음을 다해 열심히 읽는 게 중요하지요.

그러면 열심히 읽는다는 건 어떻게 읽는 것일까요? 한마디로, 책에 적힌 글자를 허투루 넘기지 않고 문장의 의미는 물론 뉘앙스에도 세심한 주의를 기울이면서 뜻을 새기는 것입니다. 복숭아뼈가 닳아 문드러질 정도로 공부해 수백 권의 저술을 남긴 조선 최고의 지식인 정약용은 독서에도 방법이 있다면서, "백성과 나라에 보탬이 되는 책은 단락마다 이해하고 구절마다 깊이 따져"야 한다고 했습니다.

[●] 『가토 슈이치의 독서만능』(이규원 옮김, 사월의책, 2014).
[●●] 『동양 고전과 역사, 비판적 독법』(김동민 옮김, 글항아리, 2014).

심심풀이 삼아서 재미로 읽는 책은 대충 읽어도 됩니다. 하지만 스스로를 깨우고 세상에 조금이라도 보탬이 되려고 읽을 때는 정독을 해야 합니다. 즉 독서의 사회적 책임을 생각할 때 정독은 선택이 아니라 필수입니다. 쓴 사람의 피땀 어린 공력, 만든 사람의 수고로움, 그걸 읽고 살아갈 내 삶의 소중함 그리고 내가 이 모든 사람들과 함께 만들어 갈 세상을 생각하면 정성껏 정밀히 읽는 게 당연하지요. 이 책에서 이야기하는 여러 독서법도 바로 이 '정성껏 정밀히' 읽는 법에 관한 것입니다. 글자 하나도 그냥 넘기지 않는 꼼꼼함은 그 출발이라 할 수 있어요.

'아'와 '어'의 차이를 생각하라

정약용은 아들에게 책 읽는 법을 가르치면서, 이해가 안 되거나 뜻이 애매한 글자가 있으면 다른 책을 참조해 어원을 밝히고 뜻과 용례를 분명히 알아야 한다고 강조합니다. 그러면서 예로 든 것이, 『사기』「자객열전」에 나오는 "조를 마치고 길에 올랐다"既祖就道라는 구절입니다. 그는 아들에게 '조'祖가 무슨 뜻이며 왜 하필 그 글자를 썼는지 선생님에게 물으라면서, 혹시 선생님이 모르면 직접 여러 책들을 통해 풀이를 살피고 나아가 조제祖祭의 예법까지 찾

아 정리해서 너만의 책을 만들라고 이릅니다.●

사실 이 구절은 전체 문맥으로 보면 그리 중요하지 않습니다. (한국어 번역본 중에는 이 문장이 아예 없는 경우도 많습니다.) 그럼에도 정약용이 이를 예로 든 것은 사소하고 별것 아닌 것 같은 문장 하나 낱말 하나도 그냥 넘기지 않는 철저한 독서가 있어야만 새로운 배움과 결실이 가능함을 강조하기 위해서입니다. 실제로 『논어고금주』를 비롯해 그가 남긴 많은 책은 이런 식으로 단어 하나까지도 『시경』, 『춘추』, 『의례』 등 여러 자료를 섭렵하며 꼼꼼히 분석한 정독의 결과물입니다.

정약용처럼 지독한 정도는 아니라 해도, 대개의 독자들은 철학책이나 이론서에 나오는 용어들에 예민하게 반응합니다. 특히 물자체, 리비도, 노마드, 세계-내-존재, 영원회귀처럼 색다른 번역어 개념이 나오면 해설서나 용어 사전을 찾아보면서 주의 깊게 읽고 그렇게 이해한 개념들을 사용해 세상을 분석하고 설명하지요.

문제는 이런 특별한 용어가 아닌 경우입니다. 학계에서 새롭다, 대단하다고 인정한 개념들에 대해서는 누구나 각별한 주의를 기울여 읽습니다. 하지만 새로운 용법으로 쓰였다 해도 저자가 익숙한 말을 사용하거나 일부러 개념을 강조하지 않으면 충분한 주의를 기울이지 않는 예가 많습니다.

예전에 독서 모임에서 사회학자 김동춘이 한국의 국가

●『다산선생 지식경영법』(정민, 김영사, 2006).

폭력에 대해 쓴 『전쟁정치』(길, 2013)라는 책을 함께 읽은 적이 있습니다. 세월호 사건이 있은 직후라 회원들 모두 가슴 아파하며 열띤 토론을 벌였어요. 한데 저자가 왜 '전쟁정치'라는 표현을 썼는지에 대해서는 이야기가 나오지 않았습니다. 사회자인 제가 문제를 제기하자 여러 회원들이 휴전과 분단이라는 특수성과 맞물린 한국의 유별난 국가주의에 대해서 이야기했는데, 그때 한 회원만은 미국이 '테러와의 전쟁'을 내세워 자국민을 감시하는 것처럼, 전쟁정치란 특별한 개념이 아니라 국가의 일상적인 통치 방식이라고 주장했습니다. 저자가 서문에서, 1953년 정전 이후 한국 정치의 특수한 메커니즘을 '전쟁정치'로 규정했다고 지적했음에도 그이는 전쟁정치를 반민주적 통치, 독재 정치와 같은 말로 받아들였지요.

하지만 그렇게 읽으면 저자가 일부러 그 단어를 사용한 이유를, 즉 그것이 독재 정권의 폭력성만이 아니라 한국 사회의 갈등의 현장에서 드러나는 극단적 적대감의 역사성이 어디에서 연원하며 어떻게 표현되는지 보여 준다는 점을 놓치게 됩니다. 당연히 '전쟁정치'가 한국 정치를 설명하는 개념으로 적실한가에 대한 논의도 이루어질 수 없지요. 사회에 대한 정밀한 분석과 비판은 이러한 논의가 활발할 때 가능한데 그것이 봉쇄되어 버리는 것입니다.

많은 이들이 한국 사회에 대한 깊이 있는 연구가 부족하다고 개탄합니다. 외국의 학설을 소개하고 추종하는 데 비해 모자란 건 분명한데, 이를 개선하려면 연구자의 노력만큼이나 꼼꼼한 독서로 응원하고 비판하는 독자들의 역할이 중요한 것 같습니다. 조선 시대 이래로 여전히 팽배한 지적 사대주의를 떠올리면 더욱 그렇지요. 눈 밝은 독자가 눈 밝은 저자를 만들고 그들이 밝은 사회를 만듭니다. 이것이야말로 골방 안의 독서가 골방을 벗어난 사회적인 행위가 되는 까닭이며, 정독을 해야 하는 이유입니다.

{ 여럿이 함께 읽는 법 }

혼자만의 독서를 함께하는 이유

제가 책 읽기를 좋아하는 이유는 혼자서도 할 수 있기 때문입니다. 물론 영화도 혼자 볼 수 있고 여행도 혼자 할 수 있습니다. 취향이 다른 사람과 함께 하는 것보다 혼자 하는 게 더 나을 때도 있고요. 하지만 코미디 영화나 아주 슬픈 영화는 혼자 못 보겠더군요. 혼자 킬킬대는 것도, 혼자 퉁퉁 부은 눈으로 극장을 나서는 것도 영 처량해서 말이에요. 여행도 혼자 다닐 수는 있지만 여행지에서 스치는 낯선 사람들이나 뜻밖의 만남이 주는 기쁨을 생각한다면 '오롯이 혼자'라고는 할 수 없을 것 같습니다. 그런 점에서 시작부터 끝까지, 장르 불문 장소 불문, 혼자서도 잘할 수 있는 것으로는 독서만 한 게 없는 것 같습니다.

그러나 그 독서조차 혼자보다 여럿이 함께할 때 색다른 즐거움이 있다는 걸 20여 년간 독서 모임을 하고서 알았습니다. 처음 독서 모임 강사를 해 보겠느냐는 제의를 받았을 때는 그 경험이 제게 얼마나 큰 영향을 미칠지 잘 몰랐습니다. 그렇게 오래 계속할 줄도 몰랐고, 그것이 제 앎과 삶에 이토록 큰 흔적을 남길지도 몰랐지요. 그 영향을 여기서 낱낱이 말할 수는 없지만, 한마디로 책을 읽고 쓰는 일을 하게 되고 지금 이렇게 독서에 관한 글을 쓰는 것이 다 그 경험에서 비롯된 것이라면 조금은 짐작이 갈는지요.

 책을 함께 읽는 방법은 여러 가지가 있습니다. 같은 시간 같은 공간에 모여서 각자 책을 읽는 아주 느슨한 형태도 있고, 한 권의 책을 정해 발제자를 두고 토론하는 학구적인 모임도 있습니다. 소설 『제인 오스틴 북클럽』에서처럼 한 작가를 좋아하는 이들이 모여 그 작가의 작품을 두고 자유롭게 담소를 나눌 수도 있고, 『테헤란에서 롤리타를 읽다』에서처럼 은밀히 모여서 금서를 읽을 수도 있으며, '러시아 소설 읽기'나 '동양 고전 읽기' 같은 주제를 정해 일정 기간 동안 공부하듯 읽을 수도 있습니다. 어떤 독서 모임은 각자 다른 책을 읽고 와서 자신이 읽은 책을 소개하기도 하고, 전문가의 강의를 중심으로 하여 질의응답식 토론을 하기도 합니다. 최근에는 낭독회를 겸한 독서 모임도 많고 사회관계망서비스SNS로 서로의 독후 소감을 나누는 모임도 있지요. 어느 것이든 그 나름의 매력과 장점이 있으니 각자 자신이 끌리는 모임을 택하면 되지만, 꼭 한 가지 염두에 두었으면 하는 것이 있습니다. 같이 읽는 이유입니다.

본질적으로 책은 혼자서 읽는 것입니다. 엄마가 아이에게 책을 읽어 준다 해도 그것을 듣고 이해하는 과정은 아이의 내부에서 진행됩니다. 아무리 엄마라 해도 아이의 속내를 알 수는 없으며, 이렇게 저렇게 이해하라고 엄마 뜻대로 할 수도 없지요. 똑같은 교과서로 공부해도 배우는 내용과 결과가 다 다르듯이, 똑같은 시간에 똑같은 장소에서 똑같은 책을 읽어도 저마다 이해가 다르고 느낌이 다르고 받는 감동이 다릅니다. 그럼에도 같이 읽는 이유는 이 다름을 공유하기 위해서입니다. 다른 사람들은 나와 어떻게 다르게 읽는지 확인하기 위해서 독서 모임을 하는 것이지요.

그런데 독서 모임을 하다 보면 나는 이렇게 읽었다고 말하기 위해서 오는 이들이 있습니다. 하지만 내가 읽은 소감을 전하기 위해서라면 독서 모임보다는 독후감을 쓰는 편이 여러모로 낫습니다. 무엇보다 글을 쓰면 자신의 생각을 명료하게 정리하고 오래 남길 수 있으니 스스로에게 좋습니다. 그 과정에서 말할 때는 몰랐던 자기 논리의 모순을 발견하거나 부족함을 깨닫는다면 더욱 좋지요. 남들 앞에서 창피한 꼴을 보이지 않을 수 있으니 얼마나 다행인가요. 또한 그것은 남들에게도 좋은 일을 하는 것입니다. 들지는 않고 말만 하는 사람 때문에 피로한 다른 이들에게 보시를 하는 셈이지요.

독서 모임의 핵심은 '듣는' 겁니다. 독서 모임에서는 내가 읽은 느낌을 이야기하자마자 다른 사람이 읽은 느낌을 들어야 합니다. 저렇게도 읽을 수 있구나 하는 놀라운 독후감만이 아니라 어떻게 저런 식으로 읽을 수 있지 싶은 황당한 소감마저 들어야 하지요. 함께 읽는다는 건 그 무수한 독법을 경험하는 것이며 모든 다름에 내 귀를 열어두는 것입니다. 그것이 여럿이 함께 읽는 이유입니다.

그러므로 단지 독서 습관을 들이기 위해서라면 같이 모여 읽는 시간을 갖는 느슨한 형태만으로도 충분하지만, 좀더 적극적으로 함께 읽기를 즐기고 싶다면 같은 책 같은 문장도 사람에 따라 다르게 읽힌다는 걸 확인하는 과정이 필요합니다. 서로의 독해를 비교하고 자신의 독법을 돌아볼 수 있는 것은 함께 읽기가 주는 가장 큰 선물이니까요.

책은 도끼고 무지는 죄다

'다르다'는 '같지 않다'이고 '틀리다'는 '옳지 않다'라는 뜻이니 서로 다른 말입니다. 우리말 교육 프로그램에서 자주 강조하는 내용이기도 한데 여전히 많은 이들이 혼동해

씁니다. 왜 그럴까요? 단어의 뜻을 몰라서이기도 하지만 한편으로는 무의식의 발로가 아닌가 싶습니다. 겉으로는 다른 게 틀린 건 아니라고 하면서도 속으로는 나와 다른 것을 틀렸다고 생각하는 마음이 있다고나 할까요.

사람은 누구나 나름의 경험과 지식에 기초한 가치관과 믿음을 가지고 살아갑니다. 정도 차이는 있지만 대개의 사람들은 자신의 가치관에 대해 확신을 가지며, 전혀 다른 신념이나 다른 가치관을 만나면 불편하고 불안한 나머지 '틀렸다'고 여깁니다. 그래야 내 맘이 편하니까요.

프란츠 카프카는 "만일 우리가 읽는 책이 주먹질로 두개골을 때려 깨우지 않는다면 도대체 무엇 때문에 책을 읽는단 말인가? …… 책이란 우리 내면에 존재하는 얼어붙은 바다를 깨는 도끼여야만 한다"●라고 말했습니다. 상상해 보세요. 누군가 주먹으로 머리를 때린다면, 평화롭고 고요한 마음에 도끼질을 한다면? 재미있고 즐겁기보다 놀랍고 두렵고 불안하지 않겠습니까. 그런데 카프카는 책은 주먹질이요 도끼라고 선언합니다. 심지어 같은 편지글에서, "우리가 필요로 하는 책은 우리에게 매우 고통을 주는, 재앙 같은, 자살 같은 느낌을 주는 그런 책"이라고까지 했지요.

그는 독서란 믿음이 아니라 의심을 키우는 과정이며, 나를 행복하게 하는 것이라기보다 나를 불안하게 만드는 것

● 『행복한 불행한 이에게』(서용좌 옮김, 솔출판사, 2004). 카프카가 대학생 때인 1904년 1월 친구에게 보낸 편지 속의 문장입니다.

이어야 한다고 했습니다. 경악에서 경이로 나아가는 것이 독서의 역할이라는 거지요. 왜 그랬을까요? 우리의 경험과 지식은 한정적이고 편협해서 우리를 그릇된 믿음으로 이끌며, 무지에 기초한 그릇된 믿음은 내 마음에 평화를 줄지는 몰라도 세상을 평화롭게 하지는 못한다고 여겼기 때문입니다.

잘못을 저지른 사람들이 자주 하는 말이 있습니다.

"몰랐어요."

작게는 교통법규를 위반한 사람들부터 크게는 친구를 괴롭혀 죽음에 이르게 한 아이들, 병사에게 가혹 행위를 해서 목숨을 잃게 한 군인들, 성폭행을 자행한 사회 지도층 인사들까지 하나같이 몰라서 그랬다고들 합니다. 잘못인 줄 몰랐고, 상대가 싫어할 줄 몰랐고, 괴로워하는 줄도 죽을 줄도 몰랐다고. 아마 사실일 거예요. 세상이 다 자기 생각 같은 줄 알고 자신의 행동이 잘못인지도 모르고 무엇이 죄가 되는지도 몰랐을 것입니다.

그런데 몰랐다는 그 자체가 바로 잘못이고 죄입니다. 사람은 사회적 동물이므로 사회에서 살아가는 데 필요한 소통의 기술과 규범을 배워야 합니다. 자신과 다른 사람들과 더불어 살기 위해서 해야 하는 것과 하면 안 되는 것, 사람들과 관계를 맺는 법을 깨쳐야 하지요. 이러한 배움은 권리이자 의무이며, 만약 어떤 사람이 자기 생각에 갇혀 타인의 감정과 고통을 몰랐다면 그것은 그의 책임이고 잘못입니다.

책을 읽는 것은 이런 배움의 일부이며, 자신의 무지를 일깨워 잘못을 저지르지 않기 위한 것이라고 할 수 있습니다. 다른 생각, 다른 지식, 다른 믿음이 불러일으키는 의심과 두려움을 '틀렸다'고 치부하거나 눈을 감고 피하는 것이 아니라, 그것을 똑바로 바라봄으로써 오히려 더 큰 세계 안에서 평화를 이루기 위해 독서를 하는 것이지요.

더불어 잘 읽는 노하우

그러나 책을 이렇게 읽기는 쉽지 않으며, 독서를 통해 이런 것을 배우기도 어렵습니다. 솔직히 나와 가치관이 전혀 다른 사람의 책은 읽고 싶지도 않고 잘 읽히지도 않을 뿐 아니라, 간신히 읽었어도 제대로 읽었는지 어떤지 알 수가 없습니다.

사람은 안 변한다고들 하지요. 그 말에 동의하진 않지만 몸에 밴 습관이나 자기에게 익숙한 방식을 벗어나기는 힘든 것이 사실입니다. 독서도 마찬가지여서, 아주 새로운 책도 자기가 기존에 가졌던 지식과 상투적인 시선에 기대어 읽기 쉽습니다. 어떤 종교나 철학에 심오한 지식을 가진 사람이 무엇을 읽든 그것을 자신이 아는 개념이나 사상으로 재해석해서 이해하는 경우가 드물지 않은 것도 그 때문입니다. 진리는 일맥상통하는 면이 있어서이기도 하지만, 그보다는 오히려 자신이 잘 아는 지식에 기대어 새로운 언어도 자기에게 익숙한 언어로 이해하려는 습관 탓이 큽니다.

그러나 이런 독서로는 아무리 새로운 책을 본다 해도 새로운 깨우침을 얻기 힘듭니다. 함께 읽기는 이 점에서 도움이 됩니다. 나 혼자라면 읽지 않았을 책을 읽고, 나 혼자라면 하지 않았을 생각을 접하면서 충격과 깨우침을 얻을 수 있기 때문이지요. 여러 사람들이 참여하는 독서 모임에서 허심탄회하게 토론을 하다 보면 상상도 못한 새로운 시각을 만나게 됩니다.

제가 활동한 모임은 목동에 있는 시립 도서관 내 여성 독서 모임이었는데, 지역적인 특성상 회원 중에 특히 중산층 주부가 많았습니다. 처음에 저는 생활 수준이 비슷하니 사고방식이나 독서 수준도 다들 비슷하려니 생각했습니다. 하지만 막상 참여해 보니 회원들의 이력과 성향이 저마다 달라서, 어떤 점에서는 연구소나 인문학 모임에서 토론할 때보다 더 다양하고 솔직한 의견을 접할 수 있었습니다. 그 덕분에 저는 스스로를 돌아보며, 내가 당연하다고 생각했던 것이 당연하지 않으며 똑같은 책도 전혀 다르게 볼 수 있다는 걸 알게 되었습니다. 독서 모임이 아니었다면 절대 몰랐을 경험을 할 수 있었지요.

함께 읽기가 좋은 이유는 또 있습니다. 토론의 기회가 드문 현실에서 함께 읽고 이야기를 나누는 모임은 그 자체로 소중한 장場이 됩니다. 독서 모임에서 자신의 의견을 피력하는 경험을 통해 자신의 허점을 보기도 하고, 새로운 자신감을 얻기도 하며, 새롭게 정체성을 확립할 수도 있으니까요.

제가 처음 독서 모임에 나갔을 때 자신감이 없는 회원이 한 사람 있었습니다. 스스로 책을 잘 못 읽는다고 생각했고 발표를 하려면 목소리부터 떨려서 제대로 의견을 피력하지도 못했지요. 하지만 스스로 부족하다는 생각 때문에 책을 아주 꼼꼼하게 읽었고, 그냥 책을 읽는 것이 아니라 스스로의 문제를 생각하며 책에서 그 답을 찾기 위해 애쓰는 것이 보였습니다. 책을 읽고 배운 것이 있으면 그것을 어떻게 자신의 삶에 적용해야 할지 깊이 고민하는 그이 덕분에 저도 많은 것을 배울 수 있었습니다. 책을 많이 읽는 사람들이 빠지기 쉬운 함정이 '안다'는 교만인데 이런 사람을 보면 정신이 번쩍 듭니다.

물론 독서 모임에 참여한다고 해서 모두 이렇게 되는 건 아닙니다. 20년간 활동하면서 많은 사람들을 봐 왔는데, 진심으로 다른 사람의 말을 듣지 않으면 아무리 많이 읽고 아무리 오래 함께 읽어도 소용이 없더군요. 독서량이 많거나 스스로 안다고 생각하는 사람일수록 독서 모임에서 큰 배움을 얻지 못하는 것도 그래서 그렇습니다. 책에 대해서

나 사람에 대해서 좋다 나쁘다, 옳다 그르다는 판단이 앞서는 바람에 지긋이 읽고 충분히 들으려 하지 않기 때문이지요. 실은 저도 이런 사람인데 독서회 선생 노릇을 하며 만나는 이들을 통해 거듭거듭 배웁니다. 어떤 점에서는 그동안 읽은 책에서보다 책을 핑계로 만난 사람들에게서 더 많이 배운 것 같습니다. 아직도 한참 멀었지만…….

함께 읽기를 잘하려면 무엇보다 다른 사람의 말을 잘 들어야 합니다. 따지고 보면 독서란 다른 사람이 하는 말을 눈으로 듣는 것이라 할 수 있지요. 그런데 책은 열심히 읽는 사람이 옆에서 얘기하는 다른 사람의 말은 잘 듣지 않는 경우가 많습니다. 책은 어느 정도 사회적으로 인정받은 사람의 검증되고 정리된 말이기에 존중하지만 주위 사람들의 말은 대단찮은 이야기로 여겨 무시하는 경우가 적지 않아요.

그러나 책이란 사람을 읽는 것이고 사람은 살아 있는 책입니다. 그러니 적어도 독서 모임을 할 때만은 다른 사람의 이야기에 귀를 기울일 필요가 있습니다. 책 한 권만 읽는 게 아니라 그 책을 통해 여러 '사람-책'까지 한꺼번에 읽을 수 있는 좋은 기회니까요.

저는 독서 모임을 할 때마다 모든 회원들의 말을 최대한 그대로 받아 적으려고 애씁니다. 요즘은 휴대폰에도 녹음 기능이 있으니까 그런 걸 활용해도 좋겠지요. 이렇게 토론한 내용을 기록했다가 집에 와서 다시 보면 책을 읽을 때

놓쳤던 부분이나 몰랐던 내용이 새삼 떠오르면서 내 생각을 새롭게 정리할 수 있습니다. 제 경험에 비춰 보면 나 혼자 읽고 독후감을 썼을 때보다 이것이 더 큰 공부가 됩니다. 책이 아무리 좋아도 사람에게 사람만큼 중요하고 좋은 건 없으니, 부디 책도 읽고 사람도 읽는 두 배의 기쁨을 누리기 바랍니다.

어느 여름날의 독서 모임

2014년 4월 16일 304명의 목숨을 눈앞에서 잃는 끔찍한 일을 겪고 나서 얼마 뒤, 5월 독서 모임이 있었습니다. 저는 회원들에게 말했습니다.

"그동안은 회원 여러분이 읽기에 너무 어렵거나 불편한 책은 권하지 않았는데 지금은 그러면 안 될 것 같아요. 어른으로서, 책 읽는 사람으로서 조금이나마 책임을 져야 할 것 같고, 그래서 당분간은 읽기 좀 괴롭더라도 꼭 읽어야 할 책들을 소개하겠습니다."

그러고서 6월에 읽을 책으로 사회학자 김동춘의 『전쟁정치』를 추천했습니다. 보통은 서너 권의 책을 복수 추천해 다수결로 한 권을 정하는데 이때는 강권하다시피 했지요. 다행히 모든 회원이 선뜻 동의해 준 덕분에 6월 독서 모임은 뜨거운 열기 속에서 진행될 수 있었습니다. 그날, 보수적인 실향민 아버지의 가르침과는 너무나 다른 역사를 접하고 심적 갈등과 고통을 겪었다며 눈물을 보이던 회원의 얼굴이 지금도 눈에 선합니다. 언제나 느끼는 것이지만 독서 모임 회원들은 쓸데없이 잘난 척을 하거나 꾸미지 않고 솔직하게 자신의 소감을 털어놓습니다. 그래서 더 진지하고 진실한 토론이 이루어질 수 있는 것이지요.

『전쟁정치』 토론에 고무된 저는 내친김에 『빌러비드』를 7월의 책으로 밀어붙였습니다. 『빌러비드』는 노벨상 수상 작가 토니 모리슨의 대표작으로, 주제 의식과 표현 방법 등 여러 면에서 독자의 집중력을 요구하는 무거운 소설이라 복더위에 읽기엔 힘든 책이지요. 그래도 착한 회원들은 못된 선생의 '강추'를 믿고 따라 주었습니다.

7월 둘째 주 수요일 아침, 피서 대신 독서 모임을 선택한 십여 명의 회원이 곰팡내 솔솔 풍기는 도서관 지하 방에 모였습니다. 그날 어떤 이야기들이 오갔는지 지금부터 슬쩍 보여 드릴게요. 한 편의 연극을 본다고 생각하며 읽어 주세요. 자, 막이 열립니다. (이름은 독서 모임 카페에서 사용하는 닉네임입니다.)

+

열 시가 조금 넘은 시각, 도서관 지하 배움방에 30대부터 60대까지 여성들이 모여든다. 함께한 지 20년이 훨씬 넘는 초창기 멤버를 비롯해 10년, 5년 이상 된 회원도 여럿이다. 대개는 도서관 근처에 살지만 나처럼 버스와 지하철을 두 번씩 갈아타고 오는 이들도 있다.

벽에 붙은 두 대의 선풍기가 열심히 돌아가며 퀴퀴한 냄새를 쫓아낸다. 한 달 만에 만난 회원들이 반갑게 인사를 나누며 직사각형으로 놓인 책상에 빙 둘러앉는다. 각자 차를 마시며 자리를 정돈하는 동안, 선생이 준비해 온 시 한 편과 추천 도서가 적힌 종이를 나눠 준다. 회장이 독서 모임의 시작을 알린다.

7월의 시는 성미정 시인이 쓴 「뿔개울 옆 봄나무 사무소」. 회원 한 명이 시를 낭송하면 저마다 시에 대한 감상을 이야기하며 몇 마디 나눈다. 한 달에 한 번 독서 모임에서 한 편의 시를 읽는 것은 독서 모임의 오랜 전통이다. 이 덕분에 회원들은 시 읽기에 대해 처음처럼 부담을 느끼지는 않는다.

시 낭송이 끝나자 선생이 다음 달에 읽었으면 하고 적어 온 책

세 권에 대해 내용 소개를 곁들여 추천한다. 배리 로페즈가 쓴
『북극을 꿈꾸다』, 중국 철학자 리링의 『논어, 세 번 찢다』,
영문학자이자 고서 판매상인 릭 게코스키의 『불타고 찢기고
도둑맞은』이 그 책들이다. 선생은 내심 『북극을 꿈꾸다』가
선정되었으면 하고 바라지만 두꺼운 분량에 발목이 잡히고, 결국
『불타고 찢기고 도둑맞은』이 한 표 차이로 다음 달 도서로 뽑힌다.
　드디어 7월의 책 『빌러비드』에 대한 본격적인 토론이 시작된다.
선생 옆에 앉은 늘보부터 한 사람씩 돌아가며 자신의 독후감을
이야기한다.

　늘보　책을 읽는 내내 마음이 무거웠습니다. 하지만 참담한 상황이
묘사되어 있는데도 객관적으로 읽을 수 있었던 것 같아요. 그게
작가의 집필 의도란 생각이 들었고, 무엇보다 들은 이야기와 과거의
기억을 뒤섞고 시점에 변화를 주는 등 서술 방식이 새로워서
더 객관적인 입장이 될 수 있었던 것 같습니다. 특히 표현력이
탁월해서 놀랐고, 그 언어적 표현 때문에 상황이 더욱 가슴
아프게 다가왔어요. 다만 소설에 상징이 많은데 그게 좀 이해하기
어려웠어요. 베이비 석스가 왜 색에 집착할까도 그렇고, 여러 의문이
들었지요. 아무튼 소설을 읽으면서 노예제의 참혹함을 처음으로
생생하게 알게 되었고, 재기억rememory 때문에 고통스러워하는
사람들이 있다는 걸 깨달았습니다.

　헬렌　손에서 놓을 수가 없을 정도로 몰입해서 읽었습니다. 문체와
전개 방식, 내용 등 모든 면에서 상상 이상이었고요, 이걸 읽고
나니까 제가 허브 차를 좋아했는데 노예들의 노동이 떠올라서 즐길

수가 없더라고요. 아마 사람들에겐 누구나 잊을 수 없는 고통스러운
과거나 기억하고 싶은 과거가 있을 텐데, 이 소설이 그걸 극복하고
기억하는 방법을 알려준 것 같아요.

명진 솔직히 흑인을 보면 약간 거부감이 있었어요. 왜 하느님은
피부색을 다르게 창조했을까 생각도 했고, 백인들은 어떻게
흑인들을 노예로 만들 생각을 했을까, 사람이 사람을 노예로
만든다는 발상 자체가 놀랍다는 생각을 하면서 읽기 시작했어요.
그런데 정말 작가가 언어의 주술사더라고요. 읽으면서 나 자신과
연관시켜 보게 되었고, 이런 상황이면 자식 입장에서 부모를 원망할
수도 있겠구나 싶고, 그러한 사람의 내면을 작가가 참 잘 다뤘구나
싶었어요. 책을 다 읽고 나서는 인생을 어떻게 살아야 할까 고민하게
되었고요, 헌신에 대해서도 새롭게 생각하게 되었어요.

준 원래 소설보다 사회과학 책을 즐겨 읽습니다. 그래서
이 책을 읽는 게 좀 힘들었어요. 영화 『지슬』에서 소지燒紙하는
장면이 있잖아요. 그 장면에 대해서 현실 문제를 그렇게 영혼을
위로하는 식으로 해결하는 건 문제라고 비판한 평론을 봤는데,
이 소설을 보면서 저도 비슷한 생각을 했습니다. 노예제 같은
현실 문제는 현실에서 분명히 시시비비를 가려야지 이 소설처럼
귀신을 등장시키고 하는 건 문제를 애매모호하게 만드는 것 같아서
불만스럽고 여러 가지로 아쉬워요. 저는 역시 소설보다 백서처럼
사실 그대로를 기록한 책이 좋은 것 같아요.

흔들꽃 그동안 저는 노예제 같은 이야기는 회피해 왔어요.

그런데 책을 읽은 뒤 스스로 사람이 되어 간다는 느낌이었어요. 처음 읽을 땐 두려웠는데 중반 이후로는 몰입해서 눈물을 흘리며 읽었습니다. 저는 이 소설이 강한 모성애에 관한 이야기라고 생각해요. 제가 특히 감정이입 한 건 딸 덴버예요. 덴버가 공동체를 통해 힘을 얻는 결말이 좋았어요. 그리고 뒷부분의 서술이 제게는 노래처럼 들렸습니다(이 회원은 음악 애호가로 아마추어 오케스트라 단원이다). 여러 사람이 함께 부르는 합창 같았어요. 읽고 나니까 선생님이 왜 추천했는지 알 것 같았어요.

(선생, 뿌듯한 미소를 감추지 못한다.)

프란시스 솔직히 말하면 사 놓고 3주 동안 읽지를 않았어요. 두려웠거든요. 다 읽은 느낌은 영화 『노예 12년』의 여성판 같다고 할까, 잔인한 이야기인데 시적이고 은유적으로 표현해서 오히려 슬픔 속에서 잔인함을 더 분명하게 느낄 수 있었던 것 같아요. 약자와 흑인과 모성을 다룬 이야기라 흥미진진하게 읽었고, 인간의 이기심을 생각하면 소설에서 이웃들이 세서를 질투하는 게 이해가 되더라고요. 약자일 땐 돕지만 사정이 달라지면 오히려 시기하고 그러잖아요. 소설을 읽을 때 송파 세 모녀 자살 사건이 일어났는데 그걸 보면서 자식을 살해하는 건 옛날이나 지금이나 달라진 게 없지 않나, 사회가 나아진 게 없지 않나 싶었습니다. 그런 점에서 자식을 죽인 세서의 죄의식은 지금도 계속되는 것 같고, 덴버에게서 가능성을 찾아야 할 것 같아요. 자학이 아닌 제3의 길을.

은미 저는 덴버에게 감정이입을 하면서 읽었어요. 집에 갇혀 있다가 처음 밖으로 나가는 그녀에게 공감이 되었습니다. 또 책을 읽으면서 일본군 위안부 할머니들이 떠올랐어요. 그분들이 일본 대사관 앞에서 수요 집회를 하는 건 배상금을 받기 위해서가 아니라 스스로 상처를 치유하고 극복하기 위해서라는 생각이 들었습니다. 그런 점에서 극복과 치유를 개인 차원으로 한정하면 안 되는 것 같아요. 그건 공동체가 함께 감당할 문제라는 생각이 듭니다.

솔로호프 문학이 주는 감동을 실감했습니다. 인종차별 1세대인 베이비 석스가 갈등을 수용했다면, 2세대인 세서는 아이를 죽이는 극단적인 선택을 했고, 3세대인 덴버는 스스로가 자유로워지는 선택을 했다고 봅니다. '빌러비드'라는 유령이 왜 나타났을까 생각을 많이 했는데요, 아마도 보이지 않지만 내재된 형태로 남아 있는 유령과도 같은 갈등의 현존을 드러내기 위한 게 아닐까 싶고, 그런 점에서 유령으로 표현한 건 참으로 절묘한 선택인 것 같아요. 소설을 보면서 개인들은 각자 트라우마를 겪지만 실제로 문제는 보편적이란 걸 깨달았습니다. 그러고 보면 빌러비드는 흑인의 정체성 속에 있다고나 할까, 흑인 전체의 고통과 우리 개개인의 고통을 모두 대표하는 것 같아요.

헤세 지독한 참혹함을 너무나 아름답게 표현한 소설의 힘을 느낄 수 있는 작품이었어요. 후반부가 잠언처럼 느껴져서 쉬 이해하기 힘들었지만 지극한 슬픔이 전해졌어요. 그리고 여러 의문들이 떠올랐습니다. 세서가 아기를 죽인 걸 어떻게 이해해야 할지, 과연 영아 살해가 정당한지, 또 노예들을 인간적으로 대하는 백인이나 세서를 도와주는 백인들이 나오는데 그걸 어떻게 봐야 할지, 그들의 역할을 어떻게 판단해야 할지 고민이 되었어요.

마르케스 저는 두 가지 번역본을 다 읽었는데, 소설은 번역에 따라 느낌이 다르다는 걸 알았어요. 예전에 번역돼 나온 김선형 번역본(들녘. 2003)은 공포스럽고 괴기스러운 느낌이 강했는데, 이번 최인자 번역본(문학동네. 2014)은 좀 더 문학적인 느낌이었어요. 또 소설을 읽으면서 이런 일은 노예제만이 아니라 인간사에 계속해서 되풀이된다는 생각이 들었습니다. 그리고 과거와 화해해야만 자유로워질 수 있는데, 그러려면 지킬 것을 버리고 포기하는 게 아니라 오히려 문제에 제대로 맞서는 것이 해결책임을 깨달았습니다. 들춰내기 어려운 것 앞에서 어떤 자세를 취해야 하는지 배운 것 같습니다.

치타델레 삼대에 걸친 여성의 삶을 보면서 인종과 무관하게 여성의 힘든 삶을 고민하게 되었어요. 그리고 그런 상황이면 저도 세서처럼 했을 거란 생각이 들었습니다. 소설에 나오는 표현 하나 상징 하나도 그냥 넘어가기가 힘들었어요. 앞서 말씀하신 색깔에 대한 집착도 그렇고, '붉은 심장'을 대신한다는 폴 디의 깡통이 무엇을 상징하는지도 궁금했습니다.

선생 다루는 주제도 그렇고 표현 방식도 읽기 쉬운 작품이 아닌데 모두 정말 꼼꼼하게 잘 읽으셨네요. 애쓰셨어요. 소감을 들으면서 함께 이야기했으면 싶은 것들을 꼽아 봤는데요, 우선 여러분이 얘기했던 베이비 석스와 세서가 색에 집착하는 이유가 뭔지 한번 생각해 보면 좋겠습니다. 그리고 백인들에 대한 작가의 입장이랄까 태도는 무엇인지도 토론하면 좋겠습니다. 이 소설에 등장하는 백인들은 못된 노예주라기보다 오히려 흑인을 동정하거나 인간적으로 대우하려는 인물들이 많잖아요? 백인은 으레 잔인하고 나쁘고 흑인은 착하고 불쌍하다는 식의 전형적인 설정과는 퍽 다른데, 작가가 왜 그랬을까요? 이 점과 관련해서 세서를 구해 준 에밀리 이야기가 별로 안 나왔는데 그녀에 대해서도 생각해 보면 좋겠습니다. 제 생각엔 이 인물이 여느 백인들과는 다른 위치에 있는 만큼 의미도 남다른 것 같거든요. 또 하나, 폴 디가 상징하는 흑인 남성의 역할이랄까, 의미에 대해서도 함께 토론해 보면 어떨까요? 폴 디와 빌러비드 그리고 세서의 관계가 복잡하게 얽혀 있는데 이걸 좀 더 분명하게 이해하고 넘어가야 할 것 같아요. 폴 디와 빌러비드의 성적인 관계를 어떻게 볼 것인지도 그렇고요. 자, 그럼 색깔에 대한 것부터 이야기해 볼까요?

회원들의 눈이 반짝인다. 토론은 이제부터 시작이다. 정해진 시간을 훌쩍 넘겨 이야기는 이어지고, 그 열기에 뇌가 녹아내릴 지경이 된 선생이 두 팔을 들고 만다. "그만 끝내지요." 다들 벌써 시간이 이렇게 됐느냐며 놀란다. "아직도 이야기할 게 너무 많은데" 하고 아쉬워하면서. 결국 토론은 늦은 점심을 먹으면서도, 찻집으로 자리를 옮겨서도 계속된다. 그녀들의 이야기는 끝나지 않는다. 책이 있고 함께 모여 그 책을 읽는 한 이야기는 끝나지 않을 것이다. 언제까지나.

{ 어려운 책 읽는 법 }

배우는 것은 즐겁다

앞에서도 말했지만 독서는 취미로 즐기는 게 좋고, 그러기 위해서는 자기 수준에 맞는 책, 마음에 드는 책을 골라 읽는 게 좋습니다. 하지만 독서에 취미가 붙고 읽는 습관이 들었는데도 계속 어슷비슷한 책만 찾는 건 곤란해요. 알다시피 독서는 잘하면 감수성을 계발하고 지식을 넓히고 사고력과 이해력을 키우는 데 도움이 됩니다. 문제는 그 '잘하면'이 생각만큼 쉽지 않다는 건데, 그냥 읽기만 하면 되는 것 같지만 그냥 읽기만 해서는 안 되는 것이 또한 책 읽기입니다. 가령 만날 내 입맛에 맞는 책만 읽어서는 감수성이나 사고력을 키울 수도 없거니와 새로운 걸 배우는 독서의 재미도 느끼기 어렵지요.

흔히들 노는 게 재미있다고 하지만 정말 사람들이 재미있어하는 건 몰랐던 것을 아는 게 아닌가 싶습니다. 친구 어머니가 하루는 동네 아주머니한테 들었다며 "아주 재미있는 데를 가겠다"고 하시더랍니다. 친구는 '재미있는 데'라니 분명 노인들을 상대로 한 떴다방이구나 하고 질색했는데 알고 보니 문해文解교육●으로 유명한 양원주부학교였다는군요. 그 얘길 듣고 역시나! 했습니다. 칠순이 넘어도 학교가 재미있다고 하는 어머니들처럼 사람은 나이가 들어도 배우고 싶어 하고 배우는 걸 좋아합니다. 그러니 동네 주민센터마다 영어와 컴퓨터, 서예에 노래까지 온갖 걸 가르치는 것이며, 여기저기 인문학 강좌마다 배우고 익히려는 반백의 어른들이 모이는 게 아니겠습니까.

그런데 사람은 배우기를 좋아하면서도 힘든 것은 싫어합니다. 독서 모임에서도 두꺼운 인문서나 평소 접하기 힘든 사회과학서 같은 걸 추천하면 골치 아프다며 그만두는 이들이 종종 있었습니다. 뭔가를 배우려면 자신의 무식과

● 문해교육literacy education이란 교육 기회를 놓친 성인을 대상으로 기초 한글 교육부터 사회생활에 필요한 지식과 독해력을 갖추도록 가르치는 활동을 이릅니다. 예전에는 주로 문맹자 교육에 방점이 찍혀 있었지만 최근에는 좀 더 폭넓은 성인 교육 운동으로 추진되고 있지요. 문해교육의 이론적, 실천적 내용이 궁금하다면 『문해교육: 파울로 프레이리의 글 읽기와 세계 읽기』 (파울로 프레이리·도날도 마세도, 허준 옮김, 학이시습, 2014)을 읽어 보세요. 『페다고지』로 유명한 교육가 프레이리는 학습자를 '비판적 주체'로 세우는 문해교육을 주장하면서 남미를 비롯해 미국, 유럽, 아프리카 등에서 적극적인 활동을 펼쳤는데,

이 책에는 그 경험과 철학이 담겨 있습니다.

무능을 직면하게 됩니다. 몰라서 배우는 것이니 당연한 일이지요. 한데 당연한 줄 알면서도 기분이 나쁘고 스트레스가 쌓입니다. 나이가 들면 기억력이 감퇴하고 순발력이 떨어져서 새로운 걸 배우기가 더 힘든데, 그러다 보니 조금만 어려워도 "내가 이 나이에 박사를 할 것도 아닌데 왜 이 고생을 하느냐?"며 그만둬 버립니다.

　요즘 인문학 강좌가 유행이지만 정작 인문학 책은 팔리지도 읽히지도 않는 것도 그 때문입니다. 강의를 들으면 두 시간 만에 알 수 있는 걸 책을 읽으면 20일이 걸려도 알 듯 모를 듯 하니 당연히 강좌를 택하는 것이지요. 보통 이런 대중 강의는 짧은 시간에 중요한 내용을 간추려서 청중의 수준이나 분위기에 맞춰 전달하므로, 독서보다 시간과 수고를 덜 들이고도 새로운 지식을 얻는 즐거움을 누릴 수 있습니다. 더욱이 강좌가 끝나고 시험을 보는 것도 아니어서 이해를 못 한다는 자괴감은 적고 뭔가를 알았다는 뿌듯함은 크지요.

　그러나 강의는 "배우는 입장에서는 최악"의 방법입니다. 제가 하고 싶었던 이 말을 한 사람은 새로운 형태의 온오프 대학 미네르바스쿨의 학장 스티븐 코슬린입니다. 코슬린은 30년간 하버드대학교 심리학과 교수로 활동하면서 기존의 좌뇌-우뇌 이론 대신 상뇌-하뇌 구분법을 제시해 세상을 놀랜 저명한 인지심리학자인데, 강의식 교육에 반대 입장을 분명히 합니다.● 그가 디자인한 미네르바스

● 스티븐 코슬린의 이론은 『상뇌 하뇌』(강주헌 옮김, 추수밭, 2014)를 통해 자세히 알 수 있으며, 미네르바스쿨의 교육법에 관

쿨의 교과과정 역시 일방적인 강의 대신 학생들이 직접 참여하는 세미나 수업으로 이루어지며, 이때 교수의 역할은 '지식 전달자'가 아니라 학생의 '협력자'가 되는 것이지요.

사실 강의를 듣든 책을 읽든 지식을 습득한다는 점에선 똑같습니다. 하지만 강의가 독서만 못한 것은 강의로는 지식은 얻을 수 있어도 생각하는 방법은 배울 수 없기 때문입니다. 강의든 독서든 시간이 지나면 잊어버리는 것도 매한가지입니다. 그런데도 굳이 더디고 힘든 독서를 택하는 까닭은 배움이란 과정을 배우는 것이고 앎이란 몸으로 익혀 아는 것이기에 그렇습니다.

어려서부터 많은 것을 배우지만 우리의 삶을 이끌어 가는 앎은 머리로 외운 지식이 아니라 몸에 새긴 기억입니다. 어떤 일을 하면 우리의 몸과 마음은 그에 따라 작용을 합니다. 이때 일이 수고로우면 수고로울수록 그만큼 더 크게 작용하고 우리 안에 깊이 새겨지지요. 마찬가지로 낯설고 어려운 책을 읽느라고 안 쓰던 뇌를 쓰고 당혹과 좌절을 맛보고 나면, 책 내용은 잊어도 그 몸과 마음의 작용은 남아 나를 이룹니다. 즉 책을 읽기 전과는 다른 내가 만들어지는 것이지요. 그러므로 지금 이대로의 내가 최선이고 최고라서 바뀔 필요가 없다고 믿는다면 몰라도, 좀 더 나은 나, 달라진 세상을 만들고 싶다면 힘들더라도 내 몸과 마음을 고단하게 해야 합니다. 이 세상에 쉬운 배움, 편안한 깨달음은 없으니까요.

해서는 『한겨레신문』 2015년 2월 9일 자에 소개되어 있습니다.

낯선 것은 어렵다

저도 그렇지만 많은 사람들이 책을 읽으면서 어려움을 느낍니다. 좋은 책인 줄은 알겠는데 너무 어려워서 읽기 싫다고 하는 이들도 적지 않습니다. 그런데 말은 똑같이 '어렵다'이지만 속을 들여다보면 의미가 조금씩 다릅니다. 읽기 거북하고 불편한 걸 어렵다고도 하고, 의미 파악이 안 되어 이해하기 힘든 걸 어렵다고도 합니다. 다시 말해 어떤 책을 어렵다고 하는 데는 크게 두 가지 이유가 있습니다. 하나는 낯설어서이고, 또 하나는 지식이 부족해서입니다. 두 가지가 한데 어울려 작용하는 경우가 많고 그래서 둘을 명확히 가를 수 없을 때도 있지만, 그럼에도 두 가지는 서로 다르고 대응책도 다릅니다.

먼저, 낯선 사람을 대하는 게 어렵듯이 평소 접하지 않던 책이라서 적응이 힘든 경우입니다. 소설만 읽던 사람이 인문학이나 과학 책을 처음 접하면 내용과 상관없이 일단은 어렵게 여깁니다. 또한 같은 소설이라도 자주 접하던 것과 다르면 낯설어서 어렵다고 하지요. 사실 이런 의미에서는 많은 책들이, 아니 독서 자체가 어렵습니다. 저 역시 새로운 분야나 새로운 작가를 접할 때마다 이런 어려움을 느낍니다. 책을 펼쳐 처음 얼마 동안은 집중을 못 한 채 그만 읽고 싶은 충동에 시달리지요. 글쓴이의 문체가 복잡하고 까다롭거나 번역이 신통치 않을수록 유혹은 더 강해집니다. 그래서 저는 어지간한 책은 무조건 70쪽까지 읽자고 나름의 규칙을 정해 두었습니다. 경험상 그쯤 읽어야 적응이 되기에 정한 규칙인데, 아마 유연하고 명민한 사람이라면 그보다 조금만 읽어도 되겠지요.

뭘 그렇게까지 하면서 책을 읽느냐 할지도 모릅니다. 그러나 저는 그렇게까지 하면서라도 읽어야 한다고 생각합니다. 음식을 편식하면 영양의 불균형이 생기듯이 독서도 편중되면 생각이 치우쳐 편견과 왜곡이 생길 수 있기 때문이지요. 유럽의 지성을 위협했던 종교재판이나 정통 해석과 조금만 달라도 사문난적斯文亂賊으로 몰아 죽인 조선 시대 주자학처럼, 하나의 책 하나의 독해만 신봉하는 것은 종종 피바람을 부릅니다. 내가 믿는 것이 진리고 내가 아는 세상이 전부라는 일원론이 타자를 부인하고 공격하는 흉기가 되는 것이지요.

일본의 해부학자이며 도쿄대 명예교수인 요로 다케시는 그것을 '바보의 벽'이란 말로 설명합니다. 인간의 뇌는 자기가 알고 싶지 않은 정보는 알아서 차단해 버리는 선택적 인지를 하는데 그것이 사람들 사이에 '바보의 벽'을 만든다는 것입니다. 그는 대학교에서 임신과 출산에 관한 다큐멘터리를 보여 줬더니 여학생들은 새로 배운 게 많았다고 한 반면 남학생들은 다 아는 얘기라고 시큰둥해한 경험을 전하면서, 자신의 관심사가 아니면 알려고 노력도 않고 다

안다고 여기는 '바보의 벽'이 타자를 외면하고 갈등을 부추긴다고 비판합니다.[●]

책 읽기도 마찬가지입니다. 어떤 사람은 소설만 읽고 어떤 사람은 논픽션만 봅니다. 남녀 차이를 절대시하는 사회적 영향으로 성별에 따라 즐겨 읽는 책이 다르기도 합니다. 타고나기도 다르게 태어났는데 읽는 것도 다르니 세상을 보는 눈도 다르고 사고방식도 갈수록 달라집니다. 그러면서 자기가 보는 시선, 자기가 아는 지식으로 상대를 판단하고 비판합니다. 책이 이해를 돕기보다 오히려 몰이해를 부추기는 셈이지요.

독서 모임에서 선생 노릇을 할 때 가장 주안점을 둔 것이 다양한 책을 소개하는 것이었습니다. 사실 그 전까지는 저도 제가 관심 있는 책만 보았습니다. 하지만 독서 모임에 모인 여러 사람들의 관심사와 고민을 들여다보면서 점점 더 폭넓게 책을 읽어야 할 필요를 느끼게 되었지요. 모임의 주축이 중산층 주부들이었기에 더욱 다른 세계, 다른 시선을 열어 주는 책들을 소개하려 애썼습니다. 그렇게 저도 잘 모르는 과학책부터 인문, 역사, 사회, 경제, 심리, 여성, 만화, 평전 등 정말 다양한 책을 함께 읽었습니다. 때론 버겁기도 했고, 불만을 토로하는 목소리도 있었습니다. 그래도 계속 밀고 나갔던 이유는 그래야만 우리가 얼마나 무식한지 알 수 있기 때문이었습니다.

세상이 얼마나 크고 깊고 복잡한지, 그에 비해 내가 아

●『바보의 벽』(양억관 옮김, 재인, 2003).

는 것은 얼마나 적은지 깨닫기 위해서는 내가 모르는 것과 만나야 합니다. 그때 몸으로 부딪쳐 만나면서 스스로의 모자람을 깨달을 수 있다면 가장 좋지만 직접 경험엔 한계가 있지요. 그래서 책이라는 쉬 접할 수 있는 도구를 취하는 것이고요. 그런데 만약 책마저 내가 익히 알던 것만 읽는다면 어떻겠습니까? 자신의 부족함은 생각도 못 한 채 세상을 다 안다는 착각 속에서 편견과 아집만 키우지 않겠어요?

오직 모를 뿐 ●

자신의 지식과 경험이 전부인 양 툭하면 "내가 해 봐서 아는데……" 하는 사람들이 있습니다. 이런 사람은 자기 반성을 할 줄 모르기 때문에 일이 잘되면 자기 덕이고 잘못 되면 남의 탓을 해서 주위를 피곤하게 만듭니다. 반면, 스스로 모른다고 생각하는 사람은 남의 말에 귀를 기울이고 배우려 하므로 모두가 좋아하지요. 그런데 전자도 많지 않지만, 후자처럼 '나는 정말 모른다'고 생각하는 사람도 매우 드뭅니다. 대개의 사람들은 '다 알지는 못해도 아무 것도 모르는 건 아니야'라고 생각하며, 정확히 말하면 자

● 한국 불교계의 큰 스승으로 꼽히는 숭산이 생전에 늘 하던 말을 빌려 왔습니다. 숭산이 제자에게 보낸 편지를 모은 책의 제목이기도 합니다.

신이 뭘 알고 뭘 모르는지 고민하지도 않습니다. 이 점을 아주 분명하게 얘기한 사람이 소크라테스입니다.

어느 날 소크라테스의 친구 카이네폰이 델포이를 찾아 신탁을 문의했습니다.

"소크라테스보다 더 지혜로운 사람이 있습니까?"

"없다."

이 얘길 들은 소크라테스는 당혹감을 느낍니다. 신은 거짓말을 하지 않으므로 신탁은 진실일 텐데 그가 생각하기에 자신은 결코 지혜로운 사람이 아니었으니까요. 이때부터 그는 신탁을 이해하기 위해 자타공인 지혜롭다는 이들을 찾아다닙니다. 그렇게 정치가, 시인, 장인匠人 등을 두루 만난 그는, 그들은 자기가 모르는 것을 안다고 생각하지만 자신은 자기가 모른다는 사실을 안다는 것을 깨닫습니다. 즉 신이 그를 지혜롭다고 한 이유는 오직 그만이 자신의 무지를 알기 때문이고, 이런 점에서 신탁이 뜻하는 바는 사람의 지혜란 보잘것없고 사람이 스스로의 무지를 깨닫기는 몹시 어렵다는 것이었지요.

소크라테스는 그에게 사형을 선고한 법정에서 이 이야기를 하면서, 자신은 신의 뜻에 따라 지혜를 추구하고 사람들의 무지를 깨우치며 살아왔는데 이제 죽음이 두려워 그 삶을 포기하거나 부정할 수는 없다고 선언합니다. 그리고 자신이 말한 그대로, 죽는 그 순간까지 묻고 의심하고 생각하기를 멈추지 않았지요. 모름이 앎과 삶, 나아가 당

당한 죽음의 동력이 된 셈입니다.●

불편함에 불쾌함까지 감수하면서 다양한 책을 읽어야
하는 이유는 바로 이것입니다. 소크라테스가 다양한 사람
들을 만나며 자신의 모름을 확인했듯이, 나는 아무것도 모
른다는 사실을 알기 위해서 여러 분야의 낯선 책을 읽어야
하는 것이지요.

흔히들 뭔가를 알기 위해서, 좀 더 그럴싸하게 말하면
진리를 알기 위해서 책을 읽는다고 생각합니다. 분명 책
은 진리를, 진실을 가르쳐 줍니다. 하지만 그 어떤 책도 세
상의 모든 이치를 꿰뚫는 단 하나의 진리를 가르쳐 주지는
못합니다.

책 속에 길이 있다 해도 그 길은 하나가 아닙니다. 진리
는 하나라거나 단순 명쾌하다고 하지만, 요즘처럼 다양한
분야에서 새로운 발견과 지식이 쏟아져 나오는 시대에는
그렇게 말하기 어렵습니다. 책도 별로 없고 과학도 발전하
지 못한 그 옛날에도 소크라테스는 이런저런 분야의 전문
가들을 만나고서, 자신이 아는 것은 한 부분의 진실일 뿐
전체를 관통하지 못한다는 것을 깨달았습니다. 그래서 나
는 아무것도 모른다고, 그것이 자신이 아는 유일한 진리라
고 말했습니다.

솔직히 많은 책을 읽고 힘들여 공부했는데도 계속 모른
다는 사실만 확인하게 되면 맥이 빠집니다. 결국 아무것도

●플라톤이 쓴 「소크라테스의 변론」, 『소크라테스의 변론／크리
톤／파이돈／향연』(천병희 옮김, 숲, 2012)에 자세한 내용이 실
려 있습니다.

모를 뿐이고 진리를 알 수 없다면 왜 그토록 힘들게 책을 읽고 공부해야 할까 의심이 들 수밖에 없습니다. 그러나 생각을 바꿔서, 계속 공부를 하는데도 아직 모르는 세상이 있고 알아야 할 것이 있다면 이 얼마나 신기하고 신나는 일인가요?

하나의 진리를 믿고 싶다면 많은 책을 두루 읽을 필요는 없습니다. 내가 믿는 진리로 남을 설득하면 그만이고 설득되지 않는 사람과는 벽을 쌓으면 그뿐이지요. 그러나 설득되지 않는 사람을 이해하고 싶다면, 우리의 완강한 몰이해를 낳은 원인이 궁금하다면, 괴롭더라도 그와 대화해야 합니다. 그리고 그와 대화하기 위해 그의 말을 듣고 그의 글을 읽어야 합니다. 낯선 책, 읽기 불편한 책을 읽는 것은 그 시작이라 할 수 있지요.

불편한 독서를 하라

문제는 낯을 익히고 익숙해져도 어려운 책이 있다는 겁니다. 내용에 대한 선행 지식이 부족하거나 필자의 문장과 사상이 파격적이고 심오해서 이해가 어려운 경우인데, 이때는 웬만큼 버텨서는 해결이 안 됩니다. 그냥저냥 책장을 넘긴다고 난해한 내용을 알 수 있는 것이 아니므로 다른 대응법이 필요하지요. 제가 권하는 방법은 두 가지입니다.

하나는 되풀이해서 읽는 반복 독서입니다. 공자가 『주역』을 하도 많이 읽어 책을 묶은 가죽끈이 세 번 끊어졌다 해서 나온 '위편삼절'韋編三絶, 백 번 읽으면 저절로 뜻이 드러난다는 '독서백편의자현'讀書百遍義自見은 모두 반복 독서의 중요성을 말하는 고사성어로, 예로부터 이 독서법이 애용되었음을 반영합니다. 또 하나의 방법은 쓰면서 읽는 메모 독서인데, 이에 대해서는 뒤에 「쓰면서 읽는 법」과 「고전 읽는 법」에서 자세히 설명했으니 그것을 참고하면 좋겠습니다.

이렇게 읽고 쓰고 또 읽으려면 시간도 많이 걸리고 몸도 고단합니다. 몸만 힘든 게 아니라 머리도 아프고 가슴이 답답할 때도 있습니다. 어려운 책을 읽는다는 것은 이 모든 불편함을 감당하는 것입니다. 내게 익숙한 논리와 문법으로 쓰인 책이 아니라 생전 처음 보는 낯선 문법의 책을 일부러 읽는 것입니다. 수고롭고 피곤한 일이지요.

야트막한 동네 뒷산만 오르던 사람이 지리산 종주에 나서면 몸의 한계를 만납니다. 삭신이 쑤시고 발톱은 빠질 것 같고 숨은 턱에 차 금방이라도 쓰러질 것 같습니다. 그렇게 어찌어찌해서 정상에 올랐을 때 만나는 진경, 그건 단순히 아름다운 풍경 이상의 감동입니다. 책 읽기도 마찬가지입니다. 의심과 번민과 몰이해와 수고를 감내하며 책장을 넘기다 보면 어느 순간 상상도 못했던 새로운 세상을 만나게 됩니다. 아, 이런 세상이 있구나! 벅찬 기쁨이 찾아옵니다. 물론 때로는 기쁨이 아니라 배신감을 느낄 수도 있습니다. 고작 이런 것을 알려고 그 고생을 했던가! 그러나 어느 경우든 안 쓰던 뇌와 감정의 근육이 새롭게 깨어나면서 얻는 희열은 남습니다.

어려운 책을 읽는 것은, 어렵다고 여겼던 앎을 얻는 기쁨만이 아니라 내 안의 세포를 깨워 한계를 넓히는 드문 기쁨을 줍니다. 그러므로 내가 모르는 세상, 내가 모르고 외면했던 사람들을 만나기 위해서는 물론이요 나도 몰랐던 내 안의 나를 찾기 위해서도 반드시 어려운 책을 읽는 수고를 해야 합니다.

{ 쓰면서 읽는 법 }

문맥을 파악하는 방법

낱말 하나하나 문장 하나하나를 정확히 이해하는 것이 정독의 출발이라면 문맥을 파악하는 것은 정독의 핵심입니다. 정밀한 독서란 낱말의 사전적인 의미를 넘어 뉘앙스까지 포착하는 것인데, 이는 곧 저자가 쓰는 문장의 맥락을 아는 것이요 그 책 고유의 언어를 이해하는 것입니다. 독서력이란 바로 이를 두고 하는 말이며, 이런 힘이 생기면 아무것도 적히지 않은 행간에서도 무수한 글자를 읽을 수 있습니다. 그럼 어떻게 해야 독서력을 키우고 문맥을 파악할 수 있을까요?

첫째, 넘겨짚지 말아야 합니다. 독서의 시작은 선입견 없이 문장 그대로를 읽고, 문장들이 모여 이룬 단락을 이해하고, 그 단락들의 배치와 짜임을 파악하는 것입니다. 의미는 그 모든 것이 얽히고 쌓여 나오는 것이므로 하나씩 단계를 밟아 차근차근 나아가야지, 특정 단어나 표현에 매달려 맥락을 놓치거나 문장 몇 줄만 보고 의미를 규정하면 오해와 억측을 하게 됩니다. 독자들 중에는 말꼬리를 잡고 의미를 넘겨짚고 글쓴이의 의도를 캐는 것을 비판적인 독서라고 착각하는 예가 많은데 그건 그냥 거칠고 무례한 독서일 뿐 스스로에게나 세상에 아무 보탬이 안 됩니다.

둘째, 각 단락별로 내용을 이해하면서 읽는 것입니다. 한 단락이 끝날 때마다 머릿속으로 정리해도 좋고, 책 여백에 문단의 내용을 짧게 요약하거나 주제어를 써넣으면 차근차근 읽으면서 문맥을 이해하는 데 아주 좋습니다. 저는 중학교 때 국어를 가르친 남계철 선생님에게서 이걸 배웠습니다. 기억력이 안 좋은 제가 선생님 성함을 지금까지 기억하는 까닭은 워낙 충격을 받아서입니다. 자랑이 아니라 선생님을 만나기 전까지 저는 국어 우등생이었습니다. 영어, 수학은 못해도 국어만은 잘했지요. 한데 선생님이 내준 시험문제에서 난생처음 70점을 받았습니다. 선생님은 문단 구분이 전혀 안 된 기다란 예문을 주고, 단락을 구분해라, 접속사를 넣어라, 각 문단의 주제어를 써라 등과 같은 주관식 시험문제를 내서 객관식 사지선다에 익숙한 저와 친구들을 공황 상태에 빠트렸습니다. 그때 우리가 느낀 당혹감이라니! 선생님이 정말 미웠습니다.

하지만 그 뒤 다양한 책을 접하고 긴 세월 책을 읽고 쓰는 일로 밥벌이를 하면서 선생님 생각을 자주 했습니다. 좋아하는 소설책을 엄벙덤벙 읽는 재미나 알던 제게 글의 구조와 짜임을 가르쳐 주신 선생님이 안 계셨다면 저는 지금까지도 글의 전개 과정과 문단 나누기의 중요성과 문단들이 쌓여서 만들어 내는 의미의 효과에 대해 몰랐을 것입니다. 남계철 선생님, 고맙습니다!

선생님 덕분에 지금도 저는 좀 어려운 책이나 맥락이 애매한 글을 읽을 때는 단락마다 주제어를 요약해 여백에 적어 넣고 때로는 문단 나누기를 다시 해 봅니다. 그렇게 문맥을 파악해 가면 필자가 논리 전개를 어떻게 했는지가 보이고, 가끔은 그것이 어디서 어떻게 잘 안 되어 글의 설득력이 약해졌는지도 알게 됩니다.

건망증에는 메모가 최선!

이렇게 단락별로 주제어를 뽑는 것은 메모하는 독서의 출발점이기도 합니다. 열심히 책을 읽었지만 조금만 지나면 아무것도 기억나지 않는다고 하소연하는 이들이 많습니다. 창피하지만 저도 그렇습니다. 잊어버리는 건 물론이고 아예 읽을 때부터 이해를 잘못하는 경우도 비일비재합니다. 안타깝지만 어쩌겠어요, 그렇게 타고난 것을.

그래도 조선의 책벌레 김득신보다는 나은 것이, 그는 『사기』에 나오는 「백이전」을 11만 3천 번이나 읽고도 기억을 못 해서 오죽하면 하인으로부터 "이건 나리가 평생 읽으셔서 저도 아는데 모르신단 말입니까?" 하고 핀잔을 들었답니다. 이쯤 되면 책 읽기를 포기했을 만도 하건만 그는 책 한 권을 천 번 만 번씩 읽으며 노력해서 (물론 먹고살 게 있는 양반이라 가능했겠지만) 결국은 59세에 과거에 급제하고 조선 최고의 책벌레로 명성을 떨쳤지요.

김득신보다는 덜하지만 프랑스의 사상가 몽테뉴도 만만치 않습니다. 그는 건망증이 어찌나 심했던지 읽은 책을 안 읽은 줄 알고 또 읽는 건 예사요, 자기가 쓴 것도 기억을 못 했답니다. 심지어 자기 이름을 잊어버릴까 봐 걱정했을 정도라니 말 다 했지요. 하지만 그는 기억력이 나쁘다고 실망하거나 투덜대는 대신, 잊어버리는 게 있어야 새로 배우는 게 있다면서 읽고 쓰기를 계속했고, 결국은 1,500쪽에 달하는 걸작 『수상록』을 완성했습니다.

한때는 저도 낮은 아이큐와 나쁜 기억력 때문에 상심한 적이 있습니다. 그러나 제가 좋아하는 몽테뉴도 기억력이 나빠서 고생했다는 걸 알고 나니 기운이 나더군요. 그 뒤론 몽테뉴처럼 저 역시 제 주제를 알아서 잊어버리는 걸 당연히 여기며 한 번 읽고 기억하기를 바라지도 않고 단번에 깨치기를 기대하지도 않습니다. 그 대신 나쁜 머리를 벌충하기 위해 제가 택한 방법은 메모입니다. 읽은 걸 적어 두면 좀 더 오래 기억하게 되고 잊어버린 뒤에도 쉽게 내용을 복기할 수 있기 때문이지요.

그리하여 연필을 들고 책을 읽습니다. 책 여백에 각각의 단락에서 얘기한 것이 무엇인지 적습니다. 내용 파악이 잘 안 되거나 독서에 집중이 안 될 때면 더욱 열심히 적습니다. 혹시 핵심 문장에 밑줄을 그으면 되지 않느냐고 생각할지 모르나, 아니요! 중요한 문장이나 감동적인 문장을 보면 절로 밑줄을 긋게 되지만, 문맥을 이해하는 데는 밑줄 긋기만으론 부족합니다.

밑줄 긋기는 글쓴이의 문장을 고스란히 받아들이는 것인 데 비해 핵심어를 적는 것은 글쓴이의 생각을 내 생각으로 옮기는 것입니다. 밑줄 긋기에서 한 발 더 나아간 것이라 할 수 있지요. 문단을 핵심적인 몇 개의 단어로 요약하려면 대충 읽었던 문장을 꼼꼼히 읽게 되고 글쓴이가 정말 하려던 이야기가 무엇인지 다시 생각하게 되니 섣불리 의도를 넘겨짚어 오해하는 것도 피할 수 있습니다.

책 여백은 내용을 요약하는 것뿐 아니라 글을 읽으며 느낀 자신의 생각이나 의문점을 쓰고 교정 사항을 적는 데도 유용합니다. 때로는 이런 메모가 책의 가치를 높이기도 합니다. 지난 몇 해 동안 세상을 떠들썩하게 한『훈민정음 상주본 해례본』이 그 대표적인 예입니다.

『훈민정음 해례본』은 집현전 학자들이 한글의 자음과 모음이 어떻게 만들어졌는지 창제 원리와 용례를 설명한 것으로, 국내 유일본으로 알려진 안동본(간송 미술관 소장)이 국보 제70호이자 유네스코 세계 문화유산으로 등록되어 있을 만큼 귀중한 희귀 도서입니다. 그런데 2008년 이 해례본이 상주에서 또 한 권 발견되었습니다. 더구나 이 책의 위쪽 여백에는 임진왜란 이전에 책 주인이 메모한 것으로 보이는 내용들이 있어서 중세 국어 연구 자료로서 엄청난 가치를 가진 것으로 밝혀졌지요. 하지만 이 '엄청난 가치' 때문에 상주본의 소유권을 둘러싼 분쟁이 시작됐고, 결국 2015년 봄 소장자의 집에 화재가 나면서 현재는 그 행방이 묘연한 상태입니다. 세상에 하나뿐인 책이 그 소중함 때문에 사라질 위험에 처했으니 안타깝고 답답한 노릇이지요.

아무튼 이처럼 책 여백을 이용한 메모법은 아주 유용하고 유서 깊은 독서법입니다. 단, 이 방법은 반드시 자신이 소장한 자기 책에만 적용해야 합니다. 가끔 만인이 이용하는 도서관 책에 교정 교열을 보고 여백마다 감상과 비판을 적어 놓는 이들이 있는데, 스스로는 자신의 메모가 대단한 내용이라 여기겠지만 안타깝게도 그런 경우는 한 번도 보지 못했습니다. 그러므로 참으로 자신의 내공이 깊다 여긴다면 자기 돈으로 책을 사서 메모하고 그 메모로 하여 더

비싼 값에 그 책을 되팔기를 진심으로 바랍니다.

카드 활용하기

　밑줄 긋기나 문단 요약은 책과 연필만 있으면 되지만 다음 단계부터는 공책이 필요합니다. 공책이라고 했지만 수첩이나 다이어리도 좋고 낱장으로 된 카드식 필기장이면 더 좋으며 간편하게 휴대전화의 메모장을 활용해도 됩니다. 이렇게 필기장을 마련해 내용을 요약해 두면 일일이 책을 들춰 보지 않아도 글의 전개를 떠올리면서 쉬 기억할 수 있어 유용합니다.

　제 경우엔 정기적으로 책에 관한 칼럼을 연재하는 터라 독후감을 쓸 것에 대비해 책을 읽을 때는 늘 수첩을 들고 다닙니다. 그리고 책 여백에 단락을 요약했듯이 메모장에 쪽수와 주제어, 간단한 감상 따위를 적어 두었다가 독후감을 쓸 때 메모한 주제어를 보고 책으로 자세한 내용을 확인하면서 글을 씁니다.

　여기서 한 발 더 나아간 것이 카드에 책 내용을 요약하는 메모법입니다. 수첩에 핵심만 메모하는 것보다 자세하고 꼼꼼하게 내용을 적어 두는 것인데, 공책을 사용해도 되지만 저는 카드를 활용하고 있습니다. 그 이유는 글을 쓸 때 죽 펼쳐 놓고 보면 인용하기도 쉽고 이 책 저 책의 내용을 한눈에 비교하면서 파악할 수 있기 때문입니다.

그간의 독서를 통해 환경 문제가 얼마나 심각한지 알기에 달력 종이도 아까워서 잘 버리지 않고 이면지가 있으면 낙서라도 하고 버릴 만큼 종이를 아낍니다만, 카드에 내용을 요약할 때는 눈 딱 감고 앞면만 씁니다. 뒷면을 쓰면 한눈에 파악하기가 힘들기 때문인데, 그래도 뒷면을 다 비워 두기가 아까우므로 중요한 주석이나 책을 읽다가 떠오른 생각을 메모하는 용도로 사용합니다.

아무튼 이렇게 카드에 내용을 요약할 때는 책의 순서에 따라 페이지와 내용을 최대한 꼼꼼하게 옮겨 적습니다. 책을 펼쳐 보지 않고도 인용할 수 있을 정도로 자세히 요약하는데, 중요한 문장은 귀찮더라도 그대로 필사합니다. 그리고 이렇게 내용을 정리한 카드의 위쪽 여백에 빨간 펜으로 주제어를 적어 둡니다. 예를 들어 시몬 드 보부아르의 『노년』이란 책을 읽으면서, '과거,' '죽음', '불안' 식으로 각각의 카드에 옮겨 쓴 내용과 관련된 주제어를 따로 뽑아서 위에 써 놓는 것이지요. 이렇게 해 놓으면 순서대로 책의 내용을 파악할 수 있을 뿐 아니라 그 주제에 관한 참고 자료들을 보고 싶을 때 좀 더 빨리 찾아볼 수 있습니다.

때론 이런 주제어가 여러 개 적힐 수도 있습니다. 가령 제가 쓴 『노년』의 카드들 중에는 '노화'라는 주제어 옆에 나란히 '작가-창작'이라는, 그 책과는 별 상관 없는 듯한 주제어가 적힌 경우도 있습니다. 이것은 늙음이 철학자와 작가에게 어떤 영향을 미치는지 이야기한 부분을 메모하다가 문학론에도 도움이 될 것 같아 적어 둔 것입니다. 한 권의 책이 꼭 하나의 주제만 이야기하는 것이 아니기도 하거니와, 또 글쓴이가 어떤 주제에 대해 한 장章에서만 논하는 것이 아니라 본문 여기저기서 이야기하는 경우가 많으므로 이렇게 자기가 관심 있는 주제를 따로 표시해 두면 나중에 다른 주제를 공부할 때 큰 도움이 됩니다.

또 하나, 가끔은 아예 작은 카드를 이용해 따로 일종의 사전을 만들기도 합니다. 제 경우 문학 공부를 할 때 리얼리즘, 텍스트, 담론 같은 용어들을 이해하기 위해 여러 책을 읽을 때마다 작은 카드에 그 정의들을 메모해 두었습니다. 이렇게 했더니 사람들이 각각 어떤 의미로 그 용어들을 사용하는지 알 수 있어 개념을 이해하는 데 도움이 되더군요. 죽음에 관한 공부를 할 때도 따로 카드를 마련해 두고, 어떤 책을 읽든 그 책에서 죽음에 관한 의미 있는 내용이 나올 때는 카드에 계속 추가해 적어 두었지요. 이렇게 자기만의 용어 사전을 만들어 두면 그 주제에 관해 깊이 있게 사고하는 데 도움이 됩니다.

카드에 내용을 요약하는 것은 책을 이해하는 데도 좋지만, 무엇보다 글을 쓸 때 쓸모가 있습니다. 어떤 주제에 대해 글을 쓰려면 생각을 넓고 깊게 해야 하는데, 이때 남들이 무슨 생각을 했는지 먼저 확인하고 내 생각을 전개해

資料名稱	〈법과 I〉			圖版資料		
作者	서울대 로비스	書刊名	1부 위AA행사의 40년			
		論文題			Page	
圖書番號	出版者	출판사, 1994.	時間			資料種號
		卷期				

〈앞〉

p.142
Ø 그에 대한...
...

p.153
Ø 고제에 ...
...

p.158
p.160
...

p.160
...

p.160
외1
...

〈뒤〉

※ 맺음

...

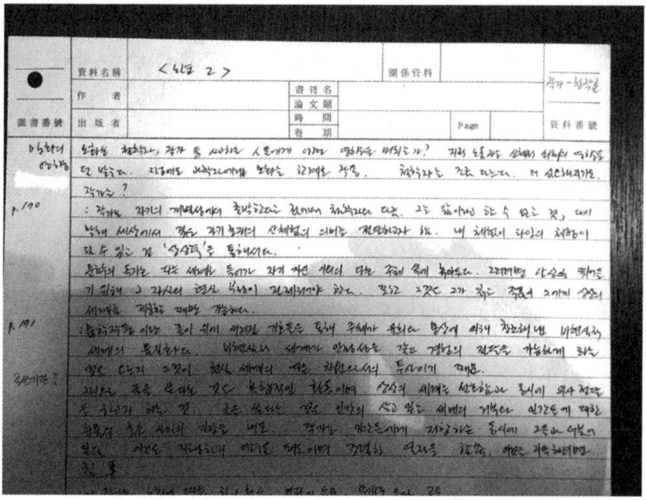

저자의 독서 카드

가면 쓸데없는 중언부언을 피할 수 있습니다. 물론 저명한 작가의 글을 적재적소에 인용해서 독자들의 눈을 끌고 내 글의 권위(?)를 높이는 가외의 소득도 있고요.

베껴 쓰기의 세 가지 방법

쓰면서 읽는 독서의 마지막 단계는 베껴 쓰기입니다. 가장 고단하지만 가장 효과적인 방법인데, 베끼는 이유 혹은 목적에 따라 몇 가지 방식으로 나눌 수 있습니다.

첫째, 내용을 잊지 않고 오래 마음에 새기기 위해서 베껴 쓰는 것입니다. 독실한 신앙인들이 경전을 필사하는 것이나 일반 독자들이 책에서 감명 깊게 읽은 구절을 옮겨 적는 것이 모두 이 경우에 해당합니다. 이는 책에 대한 기억을 더 오래 간직하게 할 뿐 아니라, 그 자체로 위로와 기쁨을 주기도 합니다.

남아프리카공화국에서 넬슨 만델라와 함께 인종차별에 맞서 싸우다 26년이나 감옥 생활을 한 아흐메드 카스라다라는 사람이 있습니다. 악명 높은 로벤 섬에서 만델라와 18년을 복역한 '위대한 7인' 중 한 명이기도 한데, 그는 감시의 눈을 피해 어렵게 구한 책과 잡지에서 마음에 드는 문장을 옮겨 적으며 그 시간을 견뎠다고 합니다.● 남의 글을 베끼는 '소박한 자유'를 지켜 냄으로써 '보다 큰 자유'에 대한 꿈을 간직할 수 있었다는 카스라다. 그가 베낀 수천 개의 글귀는 무자비한 폭력조차 무력하게 만든 '글'의 힘을 새삼 깨닫게 합니다.

　　둘째, 글쓰기 공부 삼아 베껴 쓰는 것입니다. 유명한 소설가들 중에는 전범으로 삼을 만한 문장을 그대로 필사했다는 이들이 꽤 많습니다. 소설가 신경숙이 습작을 할 때 오정희의 소설을 필사했다는 얘기를 읽고 제 경험을 떠올리며 고개를 끄덕인 적이 있습니다. 저는 두 페이지쯤 쓰다가 팔이 아파서 그만두고 말았는데 아마 그래서 신경숙같이 유명한 소설가가 못 되나 보다 했지요. 최근 표절 사건이 터지면서 이런 식으로 베껴 쓰다 보니 표절로 이어진 것이 아니냐는 이야기도 나오던데, 글쎄요…….

　　아무튼 어떤 작품은 읽다 보면 정말 베껴 쓰고 싶은 마음이 듭니다. 제게는 미국의 단편 작가 레이먼드 카버가 그대로 베끼고 싶은 대표적인 소설가입니다. 그래서 한때는 영어 공부 삼아 시도 때도 없이 사전을 들추며 번역을 한 적도 있습니다. 일본의 소설가 무라카미 하루키가 레이먼드 카버를 번역한 것이 유명한데 아마 하루키도 발단은 나와 같은 마음이 아니었을까, 제멋대로 생각하기도 했지요.

●카스라다가 감옥에서 발췌한 문장들과 거기 얽힌 사연이 궁금하다면, 그가 쓴 에세이집 『소박한 자유』(박진희 옮김, 니케북스, 2014)를 보세요.

베껴 쓰기는 이처럼 글쓰기 훈련 삼아서 하는 경우가 많습니다. 애초 목적은 그것이 아니었어도 좋은 문장을 그대로 옮겨 적다 보면 자연히 문장 훈련이 되어서 글 쓰는 데 도움이 되지요. 그런 점에서 제가 강력히 추천하는 것은 시 베끼기입니다. 시를 베껴 쓰는 것은 감수성을 키우고 남다른 문장을 쓰는 데 썩 좋은 방법입니다. 그냥 옮겨 적는 게 심심하면 사랑하는 사람을 떠올리면서 내가 좋아하는 연애시를 모은 나만의 책을 만든다고 생각하고 공책에 옮겨 적는 것도 한 방법입니다. 이렇게 내가 뽑고 내가 적은 나만의 연애시집을 만들어 선물한다면, 만든 사람은 제 공부가 되어 좋을 것이며 받는 사람은 세상에 하나뿐인 특별한 책을 받아 좋을 것이니 모두에게 행복한 일이 되지 않을까요.

셋째, 내용을 이해하기 위해 베껴 쓰는 것입니다. 독서를 하다 보면 때때로 어려운 글이지만 꼭 읽고 싶은 경우가 있습니다. 정말 잘 읽고 싶고 알고 싶은 마음이 절박할 때, 저는 공책에 베껴 씁니다. 이때는 구멍이 뚫려 있어 언제든 링에 종이를 더 끼워 넣을 수 있는 바인더 노트를 사용합니다.

우선 노트 앞면에 검정 펜으로 책 본문을 옮겨 적습니다. 그리고 아래에 파란 펜으로 그에 관한 해석들을 적은 뒤 몇 줄을 비워 놓은 다음, 다시 그 밑에 본문을 옮겨 쓰고 또 해석을 적습니다. 종이 뒷면은 아깝지만 비워 둡니다.

책을 읽으며 떠오른 제 아이디어와 의문을 메모하기 위해서지요. 의문이 해결되거나 아이디어가 떠오를 때마다 그 내용을 적기 때문에 뒷면에 쓴 메모는 점점 길어집니다. 메모는 한 번에 끝나는 것이 아니고 원전을 읽고 그에 관한 참고 도서들을 읽을 때마다, 또 필사해 둔 노트를 읽고 생각이 떠오를 때마다 계속 첨가합니다. 그래서 종이를 끼워 넣을 수 있는 바인더 노트를 쓰는 것이고 종이가 아깝지만 빈 페이지를 남겨 두는 것이지요.

이렇게 읽고 해석하고 또 다른 해석들을 첨가하고 그에 관한 내 생각을 덧붙여 가면 무엇보다 원문을 주의 깊게, 여러 번 읽게 됩니다. 멋진 해석이나 아이디어를 찾아 쓰는 것보다 그 과정에서 책을 꼼꼼히 읽고 사고하는 것이 더 중요하지요. 바로 이 때문에 베껴 쓰는 것이고, 바로 이 점에서 베껴 쓰기가 정밀한 독서, 생각하는 독서, 공부하는 독서의 시작이요 마무리라 할 수 있습니다.

{ 소리 내어 읽는 법 }

입으로 읽고 귀로 들으며

책 읽고 텔레비전 보는 걸 좋아하는 저는 매일 아침 잠에서 깨자마자 눈 체조를 합니다. 양 손바닥을 싹싹 비벼서 서너 번 눈두덩에 갖다 대고, 미간과 관자놀이를 엄지로 꾹꾹 누릅니다. 뭐든 혹사하면 탈이 나기 마련이니 늘 뭔가를 보느라 피로한 눈을 위해 하는 것인데 이렇게 해도 나이가 더 들어 눈이 아주 어두워지지 않을까 걱정입니다. 제가 누리는 즐거움의 태반이 눈으로 얻는 것이라 그리 되면 무슨 재미로 사나 싶은 것이지요.

도서관 시각 장애인실에서 봉사를 시작한 것도 그 때문이었습니다. 봉사라기보다 만약을 위한 투자라고나 할까요. 처음엔 점자 도서를 위한 입력 봉사를 했는데 어깨 통증이 심해져서 할 수가 없게 되었어요. 그래서 녹음 봉사를 하려다가 하려는 사람이 너무 많아서 안 된다기에 시각 장애인에게 일대일로 책을 읽어 주는 대면 봉사를 하게 되었습니다.

저와 인연이 닿은 분은 시각 장애가 있는 목사였습니다. 일주일에 한 번 두 시간 동안 그분이 가져온 책을 읽어 드렸는데, 점자로 필기까지 하면서 열심히 들었고 책을 잘 읽어 준다고 좋아하셔서 뿌듯했습니다. 하지만 오래하지는 못했습니다. 가져오는 책이 하나같이 마귀 이야기인 데다 하나님을 안 믿는 사람은 마귀에 들린 것이니 때려서라도 깨우쳐야 한다는 식의 책 내용이 제 믿음과는 너무 달라서 읽기가 힘들더군요. 그분의 장애를 생각하면 계속해야 마땅하지만 저도 사람인지라 제 생각과 너무 다른 이야기를 읽는 것이 괴로워서 결국 핑계를 대고 그만뒀습니다.

자랑스러운 기억은 아니지만 그래도 저를 통해 다른 사람이 독서의 기쁨을 누리는 모습을 보는 것은 즐거웠고, 또 소리 내어 읽으면서 책 읽기의 또 다른 재미를 느낄 수 있었습니다. 책을 읽어 주는 것이 듣는 이는 물론 읽는 사람에게도 색다른 즐거움이 된다는 걸 알았지요. 그래서 어머니가 아파 누워 계실 때 소설책을 들고 갔습니다. 책 읽기보다 노래 부르기를 좋아하는 엄마가 과연 좋아할까 반신반의하며 박완서의 『그 많던 싱아는 누가 다 먹었을까』를 읽어 드렸는데 정말 좋아하시더군요. 한번에 다 읽을 수 없어 책을 놓고 갔더니 다음 내용이 궁금해서 어머니가 몇 쪽씩 읽으실 정도였습니다. 평소 독서를 즐기지도 않았고 백내장을 오래 앓고 수술을 한 뒤로 잔글씨 읽는 걸 부담스러워하신 걸 생각하면 놀라운 일이었지요. 하지만 당신 혼자 다 읽지는 않으셨습니다. "네가 읽어 주는 게 더 재미있어" 하시면서. 아마 엄마에게는 재미난 이야기를 듣는 즐거움만큼 딸과 함께하는 즐거움이 컸을 것입니다. 그것이야말로 혼자서 읽을 때는 도저히 누릴 수 없는 낭독의 즐거움이지요.

아르헨티나 출신의 소설가이자 독서에 관한 탁월한 에세이를 여러 편 쓴 알베르토 망구엘은 열여섯 살 때 부에노스아이레스의 헌책방에서 일하다가 유명한 소설가 호르헤 루이스 보르헤스를 만났습니다. 보르헤스로 말하면 타의 추종을 불허하는 독서가이자 전대미문의 소설로 포스트모더니스트들에게 영감을 준 작가이지요. 말년에 눈이 멀어서 직접 독서를 할 수 없게 된 그는 자신에게 책 읽어 줄 사람을 찾았는데, 그중 하나가 바로 소년 망구엘이었습니다. 그 덕분에 망구엘은 최고의 독서가 보르헤스의 거실에서 러디어드 키플링, 로버트 스티븐슨, 헨리 제임스, 하인리히 하이네의 시들을 낭독하며 책 읽는 방법을 배울 수 있었지요.

훗날 그는 그때를 회상하면서, "과거에 나 혼자 읽었던 텍스트를 그에게 큰 소리로 읽어 주는 것은 초기의 나 혼자만의 독서를 수정하고, 그 당시의 독서에 관한 기억을 더욱 확대하고 충만하게" 하는 과정이었다며, 아르헨티나 작가 에세키엘 에스트라다의 말을 빌려 "간통 같은 독서"라고 표현합니다.● "책을 읽으면서 그전에 다른 책을 읽었을 때를 회상하고 서로 비교하며 그때의 감정을 불러내는" 것이 마치 간통과도 같다는 것이지요.

간통까지는 모르겠지만, 우리 엄마가 혼자 읽을 수 있는 데도 읽어 주는 걸 더 좋아하는 것처럼, 입으로 읽는 낭독朗讀과 귀로 듣는 청독聽讀에는 단순히 글을 읽는 것 이상의 즐거움이랄까 매력이 있습니다. 저자와 독자와 청자 사이에 삼각관계가 형성되면서 보통의 독서와는 다른 생동감을 느낄 수 있고, 책을 매개로 해서 읽는 이와 듣는 이 사이에, 나아가 듣는 이들 사이에 교감이 일어나는 것이지요.

옛날 조선 시대에는 전기수傳奇叟라고 해서 책 읽어 주는 일을 업으로 삼은 사람이 있었습니다. 기록에 따르면, 사람들이 모이는 시장통에 자리를 잡고 『홍길동전』 같은 소설책을 큰 소리로 읽어 주었는데 인기가 많았답니다. 사실 『홍길동전』이나 『삼국지』 같은 이야기책은 여러 사람이 모여서 다 같이 탄성을 지르고 한숨을 쉬면서 들으면 더 재미있습니다. 빤한 텔레비전 드라마도 같이 욕하면서 보면 더 재미있는 것처럼요.

요즘처럼 개인주의가 팽배하고 뭐든 혼자 하는 시대에 새삼 낭독이 주목을 받고 각종 낭독 이벤트가 성행하는 것

●『독서의 역사』(정명진 옮김, 세종서적, 2000).

도 그 때문이지 싶습니다. 나 혼자서도 읽을 수는 있습니다. 하지만 다른 사람과 어울려 공감하는 즐거움은 혼자서는 느낄 수 없지요. 따지고 보면 좋아하는 책을 다른 사람에게 선물하는 것이나 많은 사람이 읽는 베스트셀러를 찾아 읽는 것 또한 이와 비슷한 심리가 아닌가 싶습니다. 나와 공감해 달라는 마음, 다른 사람들과 함께하고 싶다는 마음이 깔려 있는 것이지요. 낭독 이벤트는 그 마음이 좀 더 적극적으로 발현된 것이고요. 그나저나 혼자 하던 책 읽기가 이렇게 변하는 걸 보면, 혼자이길 원하면서도 혼자라서 불안해하는 사람들이 그만큼 많아졌다는 뜻인 듯해서 마음이 좀 쓸쓸합니다.

아주 오래된 독서법

낭독이 각광을 받는 건 최근의 일이지만 소리 내 읽는 음독音讀 혹은 낭독은 혼자 조용히 읽는 묵독黙讀보다 훨씬 더 역사가 깊은 독서법입니다. 책도 많지 않고 글을 읽을 줄 아는 사람도 드물었던 시대에는 한 사람이 여러 사람에게 읽어 주는 낭독이 당연하고 효과적인 방법이었을 겁니다. 그러다 인쇄술이 발달하고 독서 인구가 늘면서 묵독이 보편화되었는데, 그래도 낭독의 전통은 면면히 이어졌습니다.

대학 시절의 일입니다. 한국사를 전공한 터라 한문도 익히고 사서四書도 공부할 겸 유도회儒道會에서 『논어』를 배웠습니다. 유도회에서는 유학에 정통한 어른들이 옛 방식대로 사서를 가르쳤습니다. "학이시습지불역열호유붕자원방래불역낙호인부지이불온불역군자호"學而時習知不亦悅乎有朋自遠方來不亦樂乎人不知而不慍不亦君子乎로 띄어쓰기 없이 죽 이어지는 『논어』의 문장을 선생님이 "學而時習知면 不亦悅乎아 有朋自遠方來면 不亦樂乎아 人不知而不慍이면 不亦君子乎아" 하고 토를 달아 한 번 낭독해 주면 그걸 듣고 따라 읽는 식이었지요.

상체를 흔들흔들하면서 문장이 입에 붙도록 소리 내어 읽고 또 읽으면서 뜻을 깨치고 외우는데, 처음엔 왜 여기서 끊어 읽는지 해석은 무엇인지 답답해 미칠 지경이지만 계속 거듭하다 보면 문장이 몸에 익고 자연스레 외워집니다. 이른바 문리 文理(문장의 이치)가 트일 때까지 반복해서 읽고 외는, 조선 시대부터 대대로 내려온 독서법이자 공부법입니다. 이렇게 문장이 입에 붙고 귀에 닳도록 소리 내 읽으면 책 내용이 몸에 배어 쉬 잊히지 않습니다. 단순하지만 꽤 유용한 공부법입니다.

그러나 문제점도 있습니다. 무엇보다 이 방법은 하나의 공인된 해석을 전수하는 데는 도움이 되지만 의심하고 궁리하며 독창적으로 이해하는 독서를 하기는 어렵습니다.

제가 유도회에서 공부할 때 읽은 책은 『논어집주』였습니다. 조선 시대나 지금이나 『논어』, 『맹자』 같은 유학 경전을 읽을 때 저본이 되는 것은 주희가 주를 단 『사서집주』로, 『논어집주』는 그중 하나입니다. 그러니까 선생님이 끊어 읽고 해석한 것이 모두 주희의 가르침을 토대로 한 주자학이었던 거지요.

그때는 뭐가 뭔지 모르고 무조건 따라 외우기 바빴습니다. 그 결과 지금도 '學而時習知不亦悅乎'를 보면 거의 자동적으로 "學而時習知면 不亦悅乎아, 배우고 때로 익히면 또한 즐겁지 아니한가" 하고 읽습니다. 다른 해석은 떠오르지도 않고 생각도 못했지요.

그런데 얼마 전 갑골학자 김경일이 쓴 『나는 동양사상을 믿지 않는다』란 책을 읽다가 깜짝 놀랐습니다. 그 문장의 '학'學이란 글자를 고증하면서, 공자 시대의 '학'은 '배우다'의 뜻보다는 '왕실 귀족 사내들의 정보 교환 장소이자 제례 공간'을 의미하므로 『논어』의 첫 구절은 "왕실 제사를 치르는 궁궐(학)에서 절기에 따라 제반 절차를 실습하는 과정, 이 얼마나 기쁜 일인가?"로 읽어야 한다는 것이었습니다.

처음엔 새롭다 못해 황당한 느낌이었습니다. 그런데 생각할수록 고개가 끄덕여지더군요. 누구보다 언행일치言行一致와 절차탁마切磋琢磨를 강조한 공자인 만큼, '때때로' 익히는 게 아니라 몸에 배도록 '항상' 배우고 익혀야 한다고 하지 않았을까 의문이 들면서 어쩌면 김경일의 해석이 옳을 지도 모른다 싶었습니다. 이것이 맞는지 틀리는지는 논의를 더 지켜봐야겠지만, 어쨌든 이런 참신한 해석은 기분 좋은 충격을 줍니다. 천년 전이나 지금이나 늘 똑같이 읽는 건 인간의 뇌를 생각해도 썩 바람직한 일은 아니니까요.

흔히들 고전의 창조적 재해석이니 뭐니 하지만 실제로 창조적 독해를 하기란 매우 어렵습니다. 오랜 시간 텍스트를 들여다보며 의심하고 해체하고 자료를 섭렵하는 과정이 필요하지요. 자연히 독서법도 달라집니다. 몸을 흔들며 소리 내어 읽기보다는 가만히 묵독하게 됩니다. 어지간한 멀티플레이어가 아니고서는 계속 큰 소리로 읽으면서 심오한 생각을 하기는 힘드니까요. 그래서 중세 유럽의 수도원에서는 묵독을 금기시하기도 했답니다. 혼자 소리 없이 읽으면서 『성서』에 대한 공인된 독법을 부인하고 자기만의 해석을 할까 봐 막은 것이지요.

낭독이 필요한 시간

낭독과 묵독의 역사는 읽는 방법에 따라 읽는 내용이 달라지기도 한다는 걸 보여 줍니다. 그렇다고 낭독은 시대착오적이고 묵독은 올바른 독서법이라는 얘기는 아닙니다.

앞서 본 것처럼 낭독에는 낭독 고유의 매력이 있고 묵독은 묵독대로 장점과 단점이 있습니다. 그럼, 언제 소리 내어 읽으면 좋을까요?

첫째, 낭독은 책과 친해지는 독서 입문용으로 좋습니다. 책을 소리 내어 읽어 주는 것은 책에 재미를 붙이는 좋은 방법 중 하나입니다. 그래서 어른들이 어린아이들에게 동화책을 읽어 주는 것이지요. 독서의 재미를 알려 주려고요. 그런데 아이가 자라서 글을 깨치면 대개의 어른들은 책을 주면서 읽으라고만 할 뿐 읽어 주지는 않습니다. 아이가 책을 안 읽어서 걱정하는 부모들도 책장 가득 명작동화나 위인전 같은 전집들을 꽂아 두고, 이렇게 재미있는 걸 왜 안 읽느냐, 어서 읽어 봐라 하고 채근하다가 제풀에 지쳐 화를 내거나 포기하는 경우가 대부분이지요.

하지만 이렇게 책을 읽으라고 하는 것은 "너, 절대 책 읽지 마!" 하는 말과 똑같습니다. 비 들자 마당 쓸라고 한다는 속담처럼, 자진해서 하려던 일도 막상 남이 시키면 하기 싫고 하지 말라고 하면 더 하고 싶은 게 사람 마음 아니던가요.

그러니까 아이가 책을 좋아하기 바란다면 읽어라 읽어라 말하는 대신 하루 30분씩 읽어 주는 게 더 낫습니다. 짧은 옛날이야기도 좋고 흥미진진한 추리소설도 좋습니다. 뭐든 재미있는 이야기책을 귓가에서 읽어 주는 겁니다. 단,

눈길을 사로잡는 그림책을 펼쳐 놓고 보여 주면서 읽는 것보다는 할머니들이 옛날이야기를 해 주듯이 편안하게 생각나는 이야기를 들려주거나 읽어 주는 쪽을 권하고 싶습니다. 그린 이의 상상을 거친 이미지를 보는 것보다 귀로 들으면서 마음으로 그려 보는 편이 두뇌 계발이나 상상력을 키우는 데 도움이 될 테니까요.

혹자는 읽어 주는 것이야 어린아이한테나 통하지 다 큰 애한테 그럴 수가 있느냐고 할지 모릅니다. 천만에요! 중학생이든 고등학생이든 저처럼 나이 든 어른이든 상관없습니다. 특히 이 방법은 잠자리에서 시도하면 아주 좋습니다. 잠이 오지 않을 때 저는 가끔 옆지기에게 책을 읽어 달라고 조르는데, 이불 속에서 눈을 감고 책 읽는 소리를 듣고 있으면 마음이 따뜻해지면서 잠이 솔솔 옵니다. 누군가의 목소리를 들으면 마음이 편안해지면서 책에도 그 사람에게도 마음이 열리지요.

혹시 식구들끼리 마음이 안 맞아 속을 썩인다면 여러 말로 따지는 대신 잠자리에서 책을 읽어 주면 어떨까요. 잠자리가 어렵다면 휴대전화 같은 걸 이용해도 돼요. 가령 사춘기 아이가 방문을 닫아걸고 곁을 주지 않는다면 박성우 시인의 「보름달」 같은 시를 음성 메시지에 보내는 겁니다.

엄마, 사다리를 내려 줘
내가 빠진 우물은 너무 깊은 우물이야

118

차고 깜깜한 이 우물 밖 세상으로 나가고 싶어●

 이렇게 한 번 두 번 그의 귓전에서 읊조리다 보면 어느 날 그가 귀를 열고 들을 거예요. 시에 귀를 열 것이고, 책에 눈을 뜰 것이고, 무엇보다 당신에게 마음을 열 것입니다.

 둘째. 낭독은 불면증 치료에 효과 만점입니다. 앞서도 말했지만, 잠자리에서 책 읽는 소리를 들으면 누군가 내 곁을 지켜 준다는 생각 때문인지 묘하게 안심이 되면서 잠이 잘 옵니다. 읽어 줄 사람이 없다고 걱정하지 마세요. 오디오북이나 책 읽어 주는 라디오를 이용하면 되니까요. 단, 너무 흥미진진한 스토리는 안 됩니다. 불면증이 심할 때는 재미있는 이야기책보다 단조롭고 따분한 강의 같은 걸 들으면 좋습니다. 제 경우는 예전 방송대를 다닐 때 듣던 강의 테이프를 종종 이용했습니다. 높낮이가 거의 없이 어려운 내용을 강의하는 교수님의 목소리를 들으면 어지간한 불면증은 그대로 치유되더군요.

 셋째. 낭독해야 좋은 책이 있습니다. 일테면 그리스 비극이나 셰익스피어의 희곡이 그런 예지요. 소포클레스가 쓴 『안티고네』라는 유명한 비극이 있습니다. 19세기 철학자

●박성우 시인이 쓴 최초의 청소년 시집 『난 빨강』(창비, 2010)
에 실린 시입니다.   **119**

헤겔은 이야말로 "가장 숭고한 예술 작품"이라며 『정신현상학』 등에서 이를 토대로 자신의 사상을 전개했고, 현대에 와서도 정신분석학자 자크 라캉, 페미니즘 철학자 주디스 버틀러 같은 이들이 거듭 재독해를 시도한 문제적 고전입니다. 그래서 저도 읽기 시작했는데 막상 기대한 만큼 재미나 감동을 느끼기가 힘들더군요. 대사도 상황도 과장되고 극단적인 데다 등장인물들이 툭하면 죽어 버리는 바람에 감정이입을 하기가 쉽지 않았습니다. 셰익스피어의 『로미오와 줄리엣』이나 『리어왕』 같은 작품도 마찬가지입니다. 요즘 우리가 쓰는 언어와는 너무 달라서 손발이 오그라들 지경이었지요.

10년만 떨어져 있어도 세대 차이가 나고 말이 안 통하는 마당에 수백, 수천 년 전의 작품이 이상하게 여겨지는 것이야 당연하다 할 수도 있지만 꼭 그 때문만은 아닙니다. 이 작품들을 연극 무대에서 봤을 때는 커다란 감동과 전율을 느꼈으니까요. 즉 이 작품들은 공연을 위해 쓰인 것이므로 조용히 묵독을 해서는 느낌을 알 수가 없는 것이지요. 그래서 이런 희곡 작품을 읽을 때는 소리를 내어 연극하듯이 읽는 게 좋습니다. 아서 밀러나 테네시 윌리엄스 같은 현대 작가들의 희곡은 눈으로만 읽어도 괜찮지만, 이때도 큰 소리로 읽으면 느낌이 또 다릅니다.

이 점은 시도 마찬가지입니다. 흔히 시가 어렵다고들 하는데 시도 감정을 실어 소리 내어 읽으면 새로운 감동으로 다가옵니다. 한마디로 장르에 따라 독서법도 달라질 필요가 있는 것이지요.

마지막으로, 책을 읽다가 졸릴 때 낭독을 하면 좋습니다. 독서를 하다 보면 어느 순간 똑같은 문장에서 맴도는 자신을 발견할 때가 있습니다. 졸려서 그럴 수도 있고 딴생각을 하느라 그럴 수도 있는데, 아무튼 이럴 때는 책을 덮고 자거나 딴생각에 몰입하는 게 제일이지만 사정상 그럴 수 없다면 소리를 내어 읽으세요. 나갔던 정신을 불러오는 데는 책 읽는 내 목소리만 한 게 없습니다.

{ 아이와 함께 책 읽는 법 }

독서 교육, 하지 마세요!

「2013년 독서실태조사」에 따르면, 우리나라 성인은 연평균 9.2권 초중고생은 32.3권을 읽는다고 합니다.[•] 성인과 초중고생의 독서량이 아주 큰 차이를 보이지요? 흥미로운 점은 성인의 독서량은 해마다 주는 반면, 학생들의 경우는 오히려 늘고 있다는 겁니다. 어른들은 책을 안 읽으면서 아이들에게는 책을 읽으라고 권한 결과겠지요. 주변 사람들을 봐도 자신은 책과 담을 쌓고 살면서 아이들에게는 어릴 때부터 독서 습관을 길러 주려고 애를 쓰고 책은 좋은 것이니 읽으라고들 합니다. 독서를 하지 않은 게 천추의 한이 돼서 그런다기보다는 대개 독서를 하면 학습

●「2021년 독서실태조사」에서는 성인은 연평균 4.5권, 초중고생은 34.4권으로 집계 및 발표.

능력을 키울 수 있다고 믿기 때문이지요. 교과서도 책이니까 책을 잘 읽으면 공부도 잘할 확률이 높기야 하지만 꼭 그런 건 아닙니다. 개인적 경험이지만 책은 좋아해도 교과서는 영 싫을 수 있거든요.

요즘은 이런 부작용(?)을 방지하기 위해 초등학교 때부터 학과와 연계해 체계적인 독서 교육을 시키는 일이 많습니다. 한데 그러다 아이들이 공부도 못하고 책 읽기도 싫어할까 봐 걱정입니다. 독서 교육이라고 하는 순간 독서가 반드시 해야 하는 일이 되기 쉬우니까요.

앞서도 말했듯이 독서는 취미로 좋아서 즐겨 하는 게 제일인데, 아이를 독서인으로 만들겠다는 목표를 세우고 (교육이란 구체적인 목표 아래 결과를 내는 활동이니까요) 아이들에게 책을 읽으라고 하면 아이가 과연 책을 좋아하게 될까요? 책장 가득 책을, 그것도 전집으로 한가득 꽂아 두고 읽어라 하면 과연 읽고 싶을까요? 사람이란 게 하지 말라면 더 하고 싶고 너무 흔하면 좋은 줄 모르는 법인데 말이에요.

제가 초등학교 때 계몽사판 세계명작 전집이 유행이었습니다. 좀 사는 친구 집에 가면 노란 나무 책장에 양장본 100권이 가지런히 꽂혀 있는데, 언니, 오빠 들이 보고 또봐서 해진 헌 책 몇 권이 전부였던 저는 그게 얼마나 부러웠는지 모릅니다. 친구 집에 갈 때마다 고르고 골라 한 권씩 빌려 읽었는데 그 재미가 정말 쏠쏠했지요.

하지만 정작 전집을 다 가진 친구는 책이 뭐가 그렇게 좋으냐며 잘 펼쳐 보지도 않았습니다. 왜 그럴까 싶었는데 어느 날 사직동 어린이 도서관에 갔다가 그 마음을 좀 알 것 같았습니다. 난생처음 도서관이란 델 가서 어마어마하 게 많은 책을 한꺼번에 보니, 안 그래도 버스 멀미로 속이 메슥거리던 차에 배 속이 울렁거리고 머리가 아득해지며 책은 보기도 싫더군요. 그래서 책상에 엎드려 잠만 자다 왔지요.

물론 어떤 아이들은 빼곡히 꽂힌 책을 보며 흐뭇해하고 도서관을 놀이터 삼아 신나게 책을 읽겠지요. 하지만 안 그런 아이들도 많습니다. 지금은 매일 도서관에서 노는 저 도 처음 서가에 잔뜩 꽂힌 책을 봤을 때는 낯설고 부담스 러워 눈을 감아 버렸으니까요.

만약 그때 부모님이 도서관에서 잠만 자다니 안 되겠다, 독서 교육을 해야겠다고 나섰다면 저는 정말 책을 싫어하 는 사람이 되었을 겁니다. 그러면 이렇게 취미를 직업 삼 아 책을 읽고 쓰는 일로 밥벌이를 하지도 못했을 테고, 심 심하고 우울하고 외로울 때 늘 내 곁에서 나를 위로해 주 는, 책이라는 좋은 친구를 갖지도 못했겠지요. 그러고 보 면 100권짜리 전집을 사 줄 수 없었던 넉넉지 못한 살림과 부모님의 적당한 무심함이 얼마나 고마운지 모릅니다.

그런데 부모님이 책을 사 주며 읽으라고 한 적은 없어 도, 저를 포함한 다섯 형제가 모두 책을 좋아하고 서너 권의 책을 펴낸 저자가 된 데는 부모님의 남다른 교육법이랄까 역할이 있었습니다. 신문을 이용한 밥상머리 토론이 그것입니다.

아무리 형편이 쪼들릴 때에도 우리 집은 조간, 석간에 어린이 신문까지 대여섯 가지 신문을 구독했고 그날의 뉴스는 으레 밥상의 토론 주제가 되었습니다. 엄밀히 말하면 토론이라기보다 주로 아버지의 시사 비평을 듣는 식이었지요. 하지만 언로가 꽉 막힌 일방통행은 아니어서 때론 손위 형제들이 반론을 하거나 자기 생각을 얘기하기도 했는데, 이렇게 신문을 읽고 대화하는 걸 보면서 자연스럽게 비판적 독해와 지식의 중요성을 깨닫게 된 것 같습니다.

그래서 말인데 아이들에게 독서를 권하고 싶다면 독서교육을 시키는 대신 직접 책을 읽으십시오. 아버지, 어머니가 하루에 30분이라도 책을 읽고 대화하는 모습을 보여주는 것이 괜한 돈 들여 독서논술 학원에 보내는 것보다 훨씬 효과적입니다. 아이들은 집안 어른들이 책과 신문을 읽고 세상사를 논하는 모습을 보면서 어른이란 저런 존재구나 하고 배웁니다.

부모는 소파에 누워 텔레비전만 보면서 아이들에게 책을 읽으라 하면 설령 아이가 책을 읽는 사람이 된다 해도 부모를 업신여기게 됩니다. 권위가 없어지는 것이지요. 흔히들 권위란 독재적인 것이라 여겨 없는 게 좋다고 생각하지만 그렇지 않습니다. 사람은 부모와 어른들을 통해 권위를 배우고, 그 권위에 맞서 스스로를 주장하기 위해 일하고 공부하며, 그렇게 새로운 지식과 경험으로 권위를 넘어 성장합니다. 부모가 아이와 함께 책을 읽고 서로의 생각을 나누는 것은 기존의 권위를 인정하면서도 그것을 비판적으로 바라보고 새로운 권위를 만들어 가도록 이끈다는 점에서 독서만이 아니라 아이의 성장에도 도움이 됩니다.

부모가 모범을 보여라, 아이랑 같이 책을 읽어라 하면 이 또한 부모가 직접 독서 교육을 하는 것으로 여겨 책은 뭘 읽힐까, 시간은 얼마나 할애해야 할까 고민하는 경우가 많은데 그럴 필요 없습니다. 다시 말하지만 독서는 취미이고 놀이이며 그렇게 해야 오래 즐겁게 꾸준히 할 수 있으니, 어머니, 아버지가 책을 취미로 즐기면 됩니다.

다만 부모 중 한쪽만 독서를 하고 다른 사람은 전혀 관심을 안 보인다면 곤란합니다. 사람은 취향이 다르니까 모두 똑같이 책을 좋아할 수는 없지만, 아이의 독서 습관을 기르고 싶다면 책에 관심을 갖고 잠깐이라도 함께 읽거나 읽는 걸 듣고 봐 주는 노력은 해야 합니다. 어른은 책을 거들떠도 안 보면서 아이에게 읽으라면 말이 안 되지요.

독서 습관을 키우는 시시콜콜 노하우

마지막으로, 아이들과 함께 책을 읽을 때 참고하면 좋은 사소한 팁 몇 가지를 말씀드리지요.

첫째, 내버려 두세요! 아이가 읽고 싶은 책을 마음 내킬 때 읽도록 독서 독립권을 보장해 주는 겁니다. 권장 도서 목록에 따라 하루에 한두 시간씩 규칙적으로 책을 읽으면 독서 습관이 생긴다고 여기는 어른들이 많은데 천만에 말씀입니다. 대대로 전해지는 인류 공통의 황금률이 있으니, 바로 내가 하기 싫은 일을 남에게 시키지 말라는 겁니다. 만약 어른들한테 매일 몇 시간씩 이 책을 읽어라, 저 책은 읽지 마라 하면 다들 싫겠지요. 아이들도 마찬가지입니다.

아이들이 독서에 재미를 느끼려면 무엇보다 좋아하는 책을 원하는 시간에 원하는 만큼 읽도록 자유를 주어야 합니다. 물론 지나치게 폭력적이고 선정적인 책 같은 건 금해야겠지요. 단, 아이가 선택한 뒤에 그건 나쁘다, 안 된다는 식으로 사후 검열을 하지 말고, 고르기 전에 미리 규칙을 정해서 이러이러한 책은 안 된다는 걸 분명히 해야 합니다. 이때 규칙이 시시콜콜하고 일관성이 없으면 설득력이 떨어지니까 한두 가지 큰 원칙만 제시하는 게 좋습니다.

그래도 아이에게만 맡겨 놓는 건 부족하지 않을까, 어른이 보기에 참 좋은 책, 권하고 싶은 책이 있을 땐 어떻게 할까 고민이 된다면 솔선수범하세요. "이 책 좋으니까 읽어라" 하는 것보다 어른이 그냥 재미있게 읽는 겁니다. 아이가 무슨 책이냐고 물어도 성가시다는 듯 "지금 중요한 장면이야, 말 시키지 마" 이러면서 열심히 읽는 거죠. 제가 아이라면 어른이 재미있다고 권하는 책보다 어른이 재미있어하는 책이 더 읽고 싶을 것 같습니다.

그러니까 정말 좋은 책이 있으면 먼저 읽으면서 부엌이든 화장실이든 눈에 띄는 곳에 슬며시 흘려 놓으세요. 언젠가 한 번쯤은 아이가 손에 들고 펼쳐 볼 거예요. 그때 아이의 마음을 사로잡을 만큼 재미있고 가슴에 남을 만한 책을 어른이 먼저 읽어 보기 바랍니다.

둘째, 읽어 주세요! 앞서 「소리 내어 읽는 법」에서도 이야기했지만, 책을 읽어 주는 것은 아이에게나 어른에게나 색다른 즐거움을 줍니다. 특히 아직은 책과 서먹한 독서 초보자에게 아주 좋은 방법이지요. 보통 글을 못 읽는 유아들에게는 어른들이 그림책을 많이 읽어 주다가 좀 자라면 으레 혼자 읽도록 합니다. 하지만 초등학교 고학년이든 중학생이든 다 큰 성인이든, 아직 책 읽는 재미를 못 느낀 사람에게는 하루에 이삼십 분씩이라도 책을 읽어 주면 좋습니다.

만약 듣기 싫다고, 읽어 주는 게 싫다고 하면 반대로 읽어 달라고 하세요. 내가 눈이 침침한데 신문을 좀 읽어 달라거나 흥미진진한 소설책을 주고 읽어 달라고 부탁하는 겁니다. 재미있는 그림책이나 에드거 앨런 포의 『검은 고양이』 같은 으스스한 단편을 읽어 달라고 하면 처음엔 싫어하던 아이도 슬슬 재미를 느낄 거예요. 그 대신 처음부터 너무 오래 하거나 한 편을 다 끝내기보다 적당한 선에서 그만두어 호기심을 자극하는 기교도 필요합니다. 이렇게 서로서로 읽어 주면 책을 매개로 교감하고 관계를 돈독히 할 수 있으니 일석이조이지요.

셋째, 들려주세요! 많은 부모들이 유아에게 그림책을 읽어 줍니다. 그림책은 책에 대한 흥미를 유발하고 이야기를 이해하는 힘과 정서적 자극을 주는 등 여러 순기능이 있으니 좋은 방법인 건 분명합니다. 하지만 그림책은 고정된 이미지를 갖게 해서 오히려 상상력을 제한할 수도 있습니다.

이미지는 글보다 강렬하며 직접적이고 즉각적인 영향을 끼칩니다. "옛날에 예쁜 공주가 있었단다" 하고 말하면 아이는 제 나름대로 예쁜 공주를 상상합니다. 곱게 단장한 엄마, 재미있고 상냥한 유치원 선생님, 혹은 새 옷을 입은 자기 자신을 떠올릴 수도 있지요. 그런데 그림책에서 하얀 얼굴에 눈은 주먹만 하고 치렁치렁 금발머리에 화려한 드레스를 입은 '예쁜 공주'를 보여 주면 아이는 상상력을 발휘하기도 전에 그 이미지를 통해 아름다움과 고귀함에 대한 하나의 고정관념을 갖게 됩니다.

그러므로 아이의 잠자리에서만큼은 그림책을 읽어 주기보다 불을 끄고 옛날이야기를 들려주라고 권하고 싶습니다. 세계적인 작가 괴테의 어머니는 밤마다 옛날이야기를 들려주었는데 이야기가 클라이맥스로 치달으면 조바심이 난 괴테가 끼어들었답니다. "설마 공주가 왕자랑 결혼하는 건 아니겠죠?" 하는 식으로. 그럼 어머니는 이야기를 다음 날로 미뤘다가 그의 뜻대로 결말을 바꿔서 들려주었다는 군요. 훗날 그녀는 아들의 상상력이 자신의 상상력을 바꿔 놓았다고 술회했는데, 『부모와 다른 아이들』의 저자 앤드루 솔로몬은 이것이야말로 "부모가 보여 줄 수 있는 훌륭함의 극치"라고 찬탄합니다. 부모가 틀에 박힌 이야기나 자기 생각을 고집하기보다 아이의 상상력을 받아들임으로써 아이의 능력을 더 크게 발달시켰기 때문이지요.

사실 상상력을 키우는 면에서는 그림책만이 아니라 책이라는 매체 자체가 한계를 가집니다. 물론 영상이나 게임보다는 책이 훨씬 상상을 자극합니다. 하지만 어린이들의 창의력을 키우는 최고의 텍스트는 생동하는 바깥세상입니다.

얼마 전 동네 공원에서 운동기구를 이용하려는데 초등학교 2, 3학년쯤 돼 보이는 어린이가 "조심하세요, 거미가 있어요" 하더군요. "고마워요. 근데 나보다 거미가 더 무서워할 것 같은데요" 했더니 아이는 고개를 갸웃하며 "거미는 해충이잖아요? 거미가 익충이에요?" 하는 것이었습니다. 해충이냐 익충이냐 묻는 것이 재미있기도 하고, 한편으론 오로지 사람의 관점에서 곤충을 해충/익충으로 나누는 책을 읽고서 그대로 세상을 보는 게 안타깝기도 하더군요. 그래서 "때에 따라 다르지요. 또 거미 입장에선 사람이 몸집도 크고 자길 해치니까 무섭지 않을……" 하는데 말이 끝나기도 전에 옆에 있던 어머니가 아이를 데리고 가면서 대화는 거기서 끝났습니다만, 책이 가진 한계와 아이들의 책 읽기에 대해 여러 가지 생각이 들더군요.

요즘 아이들은 자연을 책으로 배웁니다. 하지만 책 속의 자연은 우리의 감각을 깨우지 못합니다. 정말 아이들의 창의력과 상상력을 키우고 싶다면, 도서관만 다니지 말고 산으로 들로 골목길로 데리고 다니며 세상 만물을 읽게 해 주세요. 발이 뜨거운 어릴 적엔 발로 세상을 읽고, 가슴이 뜨거운 젊은 날엔 가슴으로 사람을 읽고, 머리로 기운이 오르는 중년 이후엔 머리로 책을 읽는 것이 생애 리듬에 따른 공부법이니, 순리에 맞게 배우고 사는 게 좋지 않을까요.

넷째, 들어 주세요! 읽기는 듣기의 또 다른 방식이므로 읽기를 잘하려면 듣기를 잘해야 합니다. 이 점에서 책이든 신문이든 식구들 각자 읽고 생각한 것을 밥상머리에서 이야기하는 것은 독서 습관을 위해서나 가족 관계를 위해서 썩 좋은 방법입니다. 어른들이 대화를 나누다가 아이들에게도 은근히 말할 기회를 주면 아이는 더듬더듬 혹은 중구난방으로 이야기를 할 거예요. 그때 열심히 들어 주세요. 아니, 아이 이야기만이 아니라 어른들끼리도 서로의 이야기를 경청하는 모습을 보여 주세요.

그렇다고 무조건 맞장구를 치거나 칭찬하란 뜻은 아닙니다. 생각이 다르면 다르다고 반박도 하고, 잘못 알고 있는 것은 틀렸다고 일러 주기도 해야 합니다. 다만 끝까지 잘 듣고, 의견이 다를수록 상대를 배려해서 말하는 예의를 보여 주어야 합니다. 그러면 아이도 용기를 내 자신의 의견을 피력할 수 있으며, 논리적으로 생각하고 말하려는 노력을 할 것입니다. 또한 자연스럽게 타인의 말을 경청하고 배려하는 태도가 몸에 밸 테고요. 책을 읽는 것은 저자의 말을 듣는 것이라고 할 수 있으니 이런 태도를 갖추면 독서력은 자연히 따라올 것입니다.

다섯째. 수십 권씩 되는 전집으로 책장을 빽빽이 채우는 일은 부디 참아 주세요! 아이에게 독서 교육을 시킨다며 책을 그득하게 쌓아두는 건 아이 입장에선 부담스럽기 짝이 없는 일입니다. 열 권, 스무 권씩 되는 전집은 더욱 그렇지요. 빨리 많이 읽어야 한다는 생각에 책 한 권을 오래 깊이 생각하며 읽는 집중력이 떨어지기 쉬운 데다, 책의 수준이나 만듦새에서도 들쑥날쑥 제각각인 경우가 많기 때문입니다.

출판계에 몸담았던 경험에 따르면, 전집은 출판사 입장

에선 이문을 남기기 쉽지만 독자에겐 그만큼 손해 보기 쉬운 아이템입니다. 한꺼번에 수십 권씩 펴내는 전집(한 권씩 나오는 시리즈는 조금 다릅니다)은 작가들의 원고료나 작업 기간 등 작업 환경이 열악한 경우가 많아서 작가들이 열과 성을 다하기가 쉽지 않습니다. 책을 만드는 편집자 입장에서도 한 번에 내용이 다른 책을 수십 권씩 만들다 보니 꼼꼼하게 살피기가 어려워 자연히 작품의 질이 떨어지기 쉽지요. 물론 모든 전집이 그런 건 아니지만, 사는 사람도 낱권을 살 때처럼 하나하나 따져 보지 않기 때문에 전체의 질을 보장하기 어려운 게 사실입니다. 그러므로 웬만하면 책은 그때그때 아이의 관심사에 맞춰 낱권으로 사서 읽히는 게 좋겠습니다.

여섯째, 독후감 쓰라고 하지 마세요! 독후감을 쓰면 좋지만 책을 읽고 꼭 독후감을 써야 한다면 누구도 책을 읽기 싫을 겁니다. 독후감 쓰는 게 직업인 저도 10매짜리 글을 쓰려면 일주일씩 끙끙대며 고생하는데 어린이들은 오죽하겠습니까. 그러니 아이들에게 독후감을 쓰라고 강요하지는 마세요. 대신 일기장이나 수첩에 언제 무슨 책을 읽었는지 정도만 적어 놓게 하고, 혹시 어른이 여력이 된다면 아이가 책 읽은 소감을 말할 때 그걸 녹음하거나 간단히 메모해서 한참 지난 뒤에 보여 주세요. 예전에 자신이 이런 책을 읽고 이런 생각을 했다는 걸 알게 되면 책 읽은 느낌을 기록해 둘 필요를 느끼게 될 겁니다.

그리고 만약 아이가 독후감을 썼다면 사후 검열하는 건 절대 금지입니다. 좋은 말이든 나쁜 말이든 어른이 지나치게 여러 얘기를 하는 것은 아이의 자유로운 성장을 저해합니다. 한동안 우리나라 어린이들의 주제가였던「렛 잇 고」Let it go라는 노래처럼, 인간이 성장하는 데는 아이에게도 어른에게도 자기의 길을 가도록 내버려 두는 '렛 잇 고' 정신이 필요합니다. 독서를 하는 이유는 이 정신을 키우기 위한 것이기도 하지요.

『잃어버린 시간을 찾아서』라는 섬세하고 장대한 심리소설을 쓴 작가 마르셀 프루스트는 "어린 시절의 독서가 우리에게 남긴 것은 우리가 책을 읽었던 시간과 장소에 관한 기억들"이며, 그 추억이 "독서라는 독보적인 심리적 행위를 그의 영혼에 재탄생시킨다"●라고 말했습니다. 그의 말처럼, 독서란 그저 책에 적힌 글자나 정보를 읽는 것이 아닙니다. 독서는 자유롭게 생각하고 질문하면서 스스로를 만나는 과정이며, 그대로 한 인간의 삶을 이루는 내밀한 경험입니다. 그런데 그것을 강요에 의해 의무적으로 한다면 이미 독서의 쓸모나 재미는 다 사라져 버릴 것이니, 그런 독서를 누가 즐겁게 하겠으며 그런 독서를 해서 뭐하겠습니까?

아이는 독립적인 인간입니다. 그 인간이 자신의 책을 고르고 자신의 취미를 만들고 자신의 인생을 사는 권리와 기

●『독서에 관하여』(유예진 옮김, 은행나무, 2014).   **135**

쁨을 누리도록 기다려 줄 책임과 의무가 좀 더 인생을 산 우리 어른들에게 있습니다. 우리가 우리의 책임을 다하면 언젠가 성숙한 인간이 우리에게 고맙다고 할 겁니다. 그때의 한량없는 기쁨을 위해 지금은 내버려 두고 기다려 주면 좋겠습니다.

{ 문학 읽는 법 }

각하, 문학을 읽으십시오

소설 『파이 이야기』로 유명한 캐나다 작가 얀 마텔은 자기 나라 수상 스티븐 하퍼에게 4년 동안 무려 101통의 편지를 보냈습니다. 문학 작품을 하나씩 소개한 편지에 책까지 동봉해서 문학을 읽으라고 권한 것인데, 수상 비서가 의례적인 답장만 보낸 것으로 보아 수상이 그의 조언을 들은 것 같지는 않습니다.

아무튼 마텔이 시간과 돈을 써 가면서 이런 수고를 한 데는 이유가 있습니다. "복잡한 21세기에 깊이 생각하고 충분히 공감하는 마음을 갖기 위해서는 논픽션보다 문학이 더 절실"하며, 국민을 잘 이끌려면 "세상이 실제로 돌아가는 이치를 이해하는 능력만이 아니라, 세상이 어떤 모습으로 바뀌면 좋겠다고 꿈꾸는 능력도 갖추어야 한다"고 믿었기 때문이지요. 꽤 설득력 있지 않나요?

하지만 그의 이웃 중에는 왜 남의 독서 취향을 간섭하느냐고 나무란 사람도 있었답니다. 이에 대해 마텔은 일반인이라면 상관없지만 "나를 지배하는 사람이라면 그가 어떤 책을 읽는지가 내게 무척 중요하다"라고 대답합니다. 그러면서 만약 수상이 문학을 읽지 않는다면 인간 조건에 대한 통찰력을 어디에서 얻고, 인간다운 감성을 어떻게 구축할 것이며, 무엇을 근거로 상상하고 그 상상의 색깔과 무늬는 무엇이겠느냐고 반문합니다.

이 편지를 모은 책은 『각하, 문학을 읽으십시오』(강주헌 옮김, 작가정신, 2013)라는 제목으로 한국에서도 출간되었는데, 맨 앞에 마텔이 박근혜 대통령에게 쓴 편지가 실려 있습니다. 하퍼 수상은 절대 문학 작품을 읽지 않는, 그래서 "똑똑하지만 재미는 없는 사람"이고 "자신이 모든 것을 안다고 생각하지만 실제로는 아무것도 모르는 사람"이니 결코 본받지 말라고 신신당부한 편지지요. 저 역시 문학 작품을 읽지 않는 것을 지성의 증표쯤으로 여기는 독서인들을 종종 봐왔던 터라 '자신이 모든 것을 안다고 생각하지만 실제로는 아무것도 모른다'라는 그의 지적에 공감이 가더군요.

문학, 특히 소설과 에세이는 가장 많은 사람들이 읽는 인기 장르입니다. 역사나 철학 같은 인문서에 비해 독자층도 두텁고 판매량도 훨씬 많지요. 하지만 동시에 가장 진지하지 않게 취급받는 장르이기도 합니다. 문학을 좋아하는 독자들조차 문학을 가벼운 읽을거리 정도로 여기는 경우가 드물지 않습니다. 셰익스피어나 도스토옙스키 같은 고전 작품에 대해서는 조금 다르지만, 그런 경우에도 마키아벨리나 칸트, 니체의 책을 읽었을 때처럼 존경 어린 시선을 받지는 못합니다. 이는 문학은 감성에 작용하며 감성은 이성보다 열등하다고 여기는 현대의 풍토를 반영합니다.

마텔이 '똑똑한' 수상에게 문학을 읽으라고 강조한 것도 그래서 그렇습니다. 문학이 단지 감성만 자극하는 것은 아니며 감성이 단지 감정적 동요만을 의미하는 것은 아니기 때문이지요.

페이스북 창립자 마크 저커버그가 페이스북 독서클럽을 만들어 첫 책으로 『권력의 종말』을 추천했을 때, 그 책을 쓴 모이제스 나임은 거의 알려지지도 않았던 책이 순식간에 아마존 베스트셀러가 된 걸 고마워하면서도, 저커버그에게 이런 논픽션보다 픽션을 더 많이 읽기 바란다고 조언했습니다. "픽션은 리얼리티를 파악하는 강력한 도구"이고 "사물을 다르게 보는 방도를 준다"면서요.

마텔과 나임의 말처럼 문학은 인간의 조건에 대한 통찰력, 세계를 다르게 보는 눈, 새로운 세상을 상상하는 힘을 키워 줍니다. 그리고 그 힘은 문학이 사람을 읽는 눈을 길러 주는 데에서 나옵니다. 나를 읽고 너를 읽고 우리와 그들의 세상을 읽으면서, 각자의 삶과 그 삶들이 한데 어울

려 만드는 이 세상을 더 깊고 다양한 측면에서 이해할 수
있는 것이지요.

내부를 읽는다

앞서 소개했듯이 독서 모임에서 토니 모리슨의 『빌러비
드』(최인자 옮김, 문학동네, 2014)를 읽은 적이 있습니다. 흑인 노
예 여성이 갓 낳은 딸을 노예 사냥꾼에게 빼앗기게 되자
제 손으로 아이를 죽인 실화를 모티브로 한 소설인데, 다
양한 문법으로 노예제의 비극을 전해 20세기 최고의 미국
문학으로 꼽히는 작품입니다.

전에도 독서 모임에서 노예제나 인종차별을 다룬 책을
읽은 적이 있지만 이 소설은 저를 포함한 대다수 회원들
에게 특별한 충격과 깊은 감동을 주었습니다. 하지만 회원
중에는 노예제에 대해 이렇게 추상적으로 그리는 픽션보
다 직접 현실을 고발하는 논픽션이 더 좋은 것 같다며 회
의적인 시선을 보인 이도 있었습니다.

노예제를 비판하는 것이 목적이라면 그 말이 맞습니다.
논픽션이 곧은길이라면 픽션은 우회로이지요. 픽션은 노
예제의 폐단을 고발하는 데서 나아가 노예제에 안주하는
사람들과 그것을 부정하면서도 그 영향에서 자유롭지 못

한 사람들의 이중성까지 하나하나 더듬어 갑니다. 그렇게 흑인 노예제와는 아무 상관없는 듯한 내 안의 노예 의식과 지배 의식을 동시에 드러냅니다. 아니, 노예제만이 아니라 부조리한 현실에 처한 인간의 다중성을 드러내지요. 그리하여 왜곡된 현실은 제도의 폐지만이 아니라 자기 안의 주인/노예 의식을 직시하고 극복하려 할 때 비로소 달라질 수 있음을 보여 줍니다. 즉 문학은 사회제도를 비판하는 데 머물지 않고 그 제도를 허락하고 가능케 하는 우리의 내면을 파헤치며, 싸움의 대상이 외부만이 아니라 내부에도 있음을 보여 줍니다.

문학은 내부를 보게 합니다. 그래서 정신없이 세상의 속도에 맞춰 살아가던 어느 날, 지하철 스크린 도어에 적힌 짧은 시 한 편에 아득해지는 것이지요. "지금 이러고 있을 때가 아닌데…… 내일은 정녕 이러고 있을 때가 아닌데"●라는 시구에 나도 모르게 '아!' 하고 한숨을 내쉬고 마는 것이지요. 내가 지금 뭐하고 있나, 무엇을 위해 왜 이렇게 기를 쓰고 있을까, 잊고 있던 질문을 떠올리면서 말이지요. 시가 아니라면 무엇이 이토록 짧은 순간에 내 안의 나를 들여다보게 하겠습니까.

문학은 내 속에 있는 너무도 많은 나를, 그래서 나도 잘 모르는 나를 돌아보게 합니다. 내 안의 슬픔과 절망과 수치와 상처를 보게 하고, 그럼에도 불구하고 여전히 울고 웃고 느끼고 꿈꿀 수 있는 내 안의 힘을 깨닫게 합니다. 그

●「이러고 있는」, 『고통을 달래는 순서』(김경미, 창비, 2008).

리고 나의 내부를 보는 데에서 나아가 외부를 내부로 보게
합니다.

누구나 한번쯤은 문학 작품을 읽으며 나와는 조금도 닮
지 않은 사람의 이야기에 고개를 끄덕인 적이 있을 겁니
다. 사람이 아닌 짐승이나 벌레의 이야기에 눈물지은 경험
도 있을 테고요. 안도현의 시 「스며든다는 것」●을 읽은 뒤
로는 전처럼 간장게장을 맛있게 먹을 수가 없다는 이들이
꽤 있습니다. 전에는 게장에 알이 꽉 찼다고 좋아했는데,
"등판에 간장이 울컥울컥 쏟아질 때/ 꽃게는 뱃속의 알을
껴안으려고/ 꿈틀거리다가 더 낮게/ 더 바닥 쪽으로 웅크
렸으리라"는 시구를 읽고 나서는 새끼를 품은 채 죽어 간
어미 꽃게가 떠올라 마음이 안 좋다는 겁니다.

이처럼 우리는 문학을 통해 나와 전혀 다른 존재가 실은
나와 똑같이 사랑하고 고통 받고 살고 죽는 존재란 것을
느끼게 됩니다. 그리고 다른 사람, 다른 존재, 다른 세계에
공감하면서, 내 안에 빛과 어둠이 있듯이 타자의 내부에도
빛과 어둠이 있으며, 내가 겹겹의 존재이듯이 타자 또한
한마디로 요약될 수 없는 겹겹의 존재라는 걸 깨닫습니다.
문학이 가진 이 공감의 상상력이야말로 사람을 사람으로
만드는 힘이라 할 수 있습니다.

●『간절하게 참 철없이』(안도현, 창비, 2008).

문학을 즐기는 방법

문학은 상상력과 공감 능력, 사람에 대한 이해를 키우는 데 도움이 되지만, 어떤 작품을 어떻게 읽는가에 따라 다릅니다. 만날 연애소설만 읽는다거나 한 작가의 작품만 읽어서는 한계가 있을 수밖에 없어요.

언젠가 일 년 내내 아침부터 밤까지 오로지 베토벤 음악만 듣는 분을 만난 적이 있습니다. 다른 음악은 안 들으세요? 물었더니 베토벤 안에 모든 것이 있는데 왜 다른 걸 듣느냐고 반문하더군요. 바로 며칠 전 『심청가』의 「범피중류」를 듣다가 눈물을 흘렸던 저는 고개를 흔들었습니다. 물론 그의 말처럼 베토벤 음악에 「범피중류」의 깊은 슬픔이 없는 것은 아닙니다. 하지만 둘의 표현 방식이 다른 만큼 그에 반응하는 마음의 결은 다른 것 같습니다. 아니, 설령 두 음악에서 느끼는 정서나 감동이 모두 똑같다 해도 그것이 하나만 고집할 이유는 아닙니다. 어떤 작가나 작품 속에 모든 것이 다 있다는 말은 결국 다른 작가와 작품을 배제하는 말이고, 내가 알고 좋아하는 것이 최고라는 독선의 표현이니까요.

문학도 마찬가지입니다. 아무리 도스토옙스키가 위대해도 카프카나 보르헤스를 대신할 수는 없습니다. 산은 산이고 물은 물이니, 각자에겐 저마다의 경이로운 세계가 있는 것이지요. 그러므로 시, 소설, 수필, 희곡 등 다양한 장르의 여러 작품을 섭렵하며 각각의 독특함을 최대한 즐기면 좋겠습니다.

문학 독서에서는 다양함만큼 섬세함도 중요합니다. 무엇보다 문학은 언어의 예술이므로 언어에 관심을 기울여야 합니다. 문체, 묘사, 비유, 상징 등 낱낱의 표현과 서술 방식에 마음을 쓰면서 세심하게 읽는 거지요.

많은 독자들이 문학을 읽을 때 작품의 주제나 의미를 파악하는 데 골몰해 언어와 문장 스타일은 간과하는 경향이 있습니다. 그러나 문학이 주는 감동의 상당 부분은 작가의 심오한 사상이 아니라 이를 전달하는 언어에서 나옵니다. 언어적 표현이 미숙하다면 아무리 심오한 사상도 독자를 사로잡지 못해요. 따라서 문학을 읽을 때는 무엇보다 언어에 민감해야 합니다. 아 다르고 어 다르다는 말처럼 비슷한 주제나 상황을 다르게 표현하는 데는 나름의 이유와 의미가 있으니 그것을 헤아리며 읽어야지요.

이런 섬세한 독서는 자연히 느리게 읽기로 이어집니다. 앞서 말한 것처럼 표현의 차이를 헤아리고 거기 담긴 의미를 파악하려면 느리게 읽을 수밖에 없습니다. 대중에게 익숙한 문법으로 쓰인 통속 문학은 쉬 이해가 되므로 '빨리 많이' 읽을 수 있습니다. (아마 그래서 대개의 베스트셀러가 통속물인 듯합니다.) 하지만 작가가 주제나 표현에서 진지하게 문학적 도전을 시도한 경우, 속독은 필요하지도 가능하지도 않습니다.

작가가 세심하게 짜 놓은 구성과 언어와 여백의 의미를 이해하려면 천천히 읽고 깊이 숙고해야 합니다. 느릿느릿 문장과 행간을 더듬는 사이 독자는 잠든 뇌와 시든 감성이 깨어나는 것을 느끼며 문학의 즐거움에 빠져들게 됩니다. 그러므로 정말 문학의 묘미를 느끼고 싶다면 '단숨에 읽히는' 작품보다 느리게 읽히는 작품을 골라 천천히 오래 읽기를 권합니다.

또한 문학은 장르마다 언어적 특징이 다르므로 각각의 장르에 맞는 독서법을 통해 그 다름을 느낄 필요가 있습니다. 가령 시나 희곡을 소리 내어 읽으면서 쉼표 하나에도 달라지는 호흡과 언어의 리듬을 몸으로 겪어 보는 것도 한 방법입니다.

특히 시는 독서법에 좀 더 마음을 써야 합니다. 우리가 읽는 대부분의 텍스트는 산문입니다. 소설이나 수필은 물론이고 인문서나 과학책, 신문, 잡지, 나아가 텔레비전 같은 영상 매체도 바탕이 되는 문법은 산문입니다. 따라서 압축과 상징과 비유를 핵심으로 하는 시를 이해하기는 쉽지 않습니다. 많은 이들이 시 읽기를 어려워하는 것도 그 때문인데, 그래서 독서법에 더욱 주의를 기울여야 합니다.

시를 잘 읽으려면 우선 많이 읽어야 합니다. 시나 미술, 음악 같은 낯선 문법의 텍스트를 이해하려면 일단 자주 접해서 그 장르의 고유한 형식에 익숙해지는 과정이 필요합니다. 처음엔 무슨 말인지, 왜 이렇게 표현하는지 이해도 안 되고 답답하겠지만 자꾸 접하다 보면 어느 날 그 고유한 형식미가 보이고 산문과는 다른 감동을 느끼게 될 것입니다.

그러나 재미도 없고 의미도 모르면서 자주 많이 읽기는 힘들어요. 이럴 때 좋은 방법이 시인에게 마음을 주는 것입니다. 제가 사춘기를 보낸 마을은 시인 김수영이 양계를 하며 살다가 불의의 교통사고로 세상을 뜬 곳이었습니다. 저는 김수영이 얼마나 대단한 시인인지 언니, 오빠 들을 통해 듣다가 고등학생 때 처음 그의 작품을 접했습니다. 집에 있던 『거대한 뿌리』(민음사, 1974)라는 시집을 읽었는데 정말 어렵더군요. 하지만 언니, 오빠 들에게 기가 죽기도 싫고 시집에 실린 시인의 사진도 마음에 들어서 막무가내로 읽어 댔습니다. 다행히 거기 실린 「어느 날 고궁을 나오면서」라는 시는 읽자마자 이해가 되었습니다. 사소한 일에 분노하는 자신을 탓하며 "바람아 먼지야 풀아 나는 얼마큼 적으냐" 하고 탄식하는 시인이 아주 가깝게 느껴졌지요. 우리 동네에 이렇게 솔직하고 멋진 시인이 살았다니 얼마나 근사한가 싶어서 알든 모르든 그의 시를 계속 읽었습니다. 허나 표제명이기도 한 「거대한 뿌리」라는 시는 도무지 모르겠더군요. 제가 그 시를 이해했다고 느낀 것이 불과 몇 년 전이니 처음 그 시를 접하고 20여 년이 지나서야 비로소 뭔 말인지 알게 된 셈인데, 제가 김수영이라는 사람에게 반하지 않았다면 이렇게 오랜 세월 그의 시를 읽지는 않았을 겁니다.

　최근 시인 전영애가 쓴 『시인의 집』(문학동네, 2015)이란 책을 읽으면서도 비슷한 경험을 했습니다. 혼자 읽을 때는 어렵기만 하던 파울 첼란 같은 시인의 시를, 필자가 그의 생애와 함께 다시 읽어 주니 선뜻 이해가 되면서 가슴이 아려오더군요. 무슨 책이든 원문 그대로를 읽는 게 최선이라고 믿지만, 때로 어떤 시가 안개처럼 마음으로 스며드는데 종적이 뚜렷치 않다면 그럴 땐 이렇게 시인의 삶을 엿보기도 하면서 천천히 다가가 보기를 권합니다. 그러다 만나는 시의 참모습은, 제가 그랬듯, 삶의 진경을 보는 드문 기쁨을 줄 것입니다.

　마지막으로 당부하건대, 문학은 사람을 보여 주는 가장 큰 창窓이니 거기 비추인 사람들을 읽기 바랍니다. 문학을 읽는 것은 사람을 읽는 것입니다. 물론 철학이나 역사, 심리학도 다 사람을 이야기하지만 문학은 사람의 행동과 심리를 판단하기보다 묘사하는 데 중점을 두기에, 열 길 우물 속보다 깜깜한 한 길 사람 속을 상상하고 공감하고 이해하는 데 도움이 됩니다. 따지고 보면 픽션이든 논픽션이든 책을 읽는 이유는 사람을 이해하고 세상을 알기 위해서가 아니겠어요. 그런 점에서 문학은 사람을 이해하는 데,

특히 나를 아는 데에 가장 좋은 자료입니다.

일본의 유명한 중문학자 요시카와 고지로는 『독서의 학』이란 책에서, 독서란 "책의 언어를 통해 인간을 탐구하는 작업"이며 이는 곧 "생각하기 위해 읽는 일"이라고 정의했습니다. 그러면서 인간을 알기 위한 자료로 책을 읽으려면 "저자가 전하려는 무엇을 어떻게 말하고 있는지," 저자를 읽어야 한다고 역설했지요. 그의 말처럼, 저자를 읽는 것은 사람을 읽는 독서의 시작이라 할 수 있습니다.

흔히 저자를 읽는다고 하면 일인칭 화자나 주인공을 작가와 그대로 동일시하거나, 작품을 읽으면서 작가의 의도를 캐는 것쯤으로 여기곤 하는데, 실은 좀 더 까다롭고 섬세한 작업입니다. 일테면 다자이 오사무의 『인간 실격』처럼 작가의 경험이 투영된 자기고백적인 소설의 경우, 독자는 일인칭 화자의 말을 작가 자신의 이야기로 읽기 쉽습니다. 하지만 자전적 작품이라 해서 화자의 고백을 작가의 솔직한 속내로 받아들이면 곤란합니다. 때론 자기 자신도 속이는 게 사람이잖아요.

생각해 보면 일기를 쓸 때조차 우리는 독자의 시선을 의식합니다. 그것은 타인의 시선이기도 하지만, 또한 내 안에 있는 대타자의 시선이기도 합니다. 작가를 읽는다는 건 그래서 쉽지 않습니다. 그가 내세운 '나'의 고백만이 아니라 그 '나'를 이루는 '너'를 읽어야 하고, 그가 드러내지 않으려는 무의식의 '나'까지 읽어야 하니까요.

사람을 읽는 것은 이 모든 작위作爲를 읽는 것이며, 그 작위 너머의 숨은 존재를 읽는 것입니다. 들키지 않으려 애쓰면서도 은근히 술래가 자기를 찾기 바라는 아이처럼, 사람은 자신을 감추면서도 자기를 알아주기 바랍니다. 문학은 이런 내 마음이 네 마음이고 모든 흔들리는 인간의 마음임을 보여 줍니다. 그러니 그 문학을 읽고서 어떻게 사람을 미워할 수 있겠어요.

사노라면 자신이 너무도 초라하게 느껴지는 날이 있고 처음 본 낯선 사람이 때려 주고 싶게 미운 날도 있습니다. 그런 날 문학 책을 펼쳐 보세요. 먼지 같은 나나 별 같은 당신이나 별반 다르지 않다는 것을, 우리는 모두 가장 보잘것없는 존재이면서 동시에 가장 숭고한 존재라는 것을 느끼게 될 거예요. 천천히 마음을 기울여 읽는다면……

{ 고전 읽는 법 }

무릎 꿇지 않고

고전이라 불리는 책들이 있습니다. 인류 역사와 문화에 커다란 영향을 끼쳤거나 오랜 세월을 거치며 사람들로부터 높은 평가와 사랑을 받는 책들이지요. 흔히 이런 책들은 전집이나 시리즈의 형태로 출판되고, '서울대(때론 하버드대나 동경대) 교수가 뽑은', '교양인을 위한', '대학생이 반드시 읽어야 할' 등등의 수식어를 달고 추천 도서로 제시되는데, 수없이 많은 책들에서 끊임없이 언급되고 저명한 지식인들이 반드시 읽어야 하는 필독서로 꼽기 때문에 그 권위를 무시하기가 쉽지 않습니다.

그래서 책 읽기가 어느 정도 익숙해지면 많은 이들이 고전으로 눈을 돌립니다. 도대체 어떤 책이기에 그럴까 하는 단순한 호기심부터 그렇게 오랜 시간을 견디고 살아남았다면 분명 대단한 책일 거라는 경외심, 필독 목록을 정복하겠다는 야심, 교양인이 되고 싶다는 소박한 각오 등등이 어울려 고전 읽기를 추동합니다.

그러나 저는 누구나 반드시 읽어야 할 책 같은 건 없다고 생각합니다. 하나의 책이 누구에게나 똑같은 감동과 의미를 주지 않는 것처럼, 시간과 공간을 초월해 모든 이에게 똑같이 중요한 책은 없다는 말입니다. 어떤 책이 어떤 의미와 중요성을 갖는 것은 독자가 처한 상황과 그가 묻는 질문에 달려 있기 때문입니다.

고전이나 필독서라고 제시된 목록들도 마찬가지입니다. 이런 리스트들은 의심의 여지없이 객관적인 것처럼 보이지만, 실제론 그 목록을 작성한 이들의 주관성이 반영된 것이므로 그것을 금과옥조金科玉條처럼 여길 필요는 없다고 생각합니다.

이제까지 세계명작이니 고전이니 하고 제시된 목록들은 대부분 영미 유럽의 백인 남성, 즉 지난 수백 년간 세계를 지배한 이들이 중요하다고 여긴 책들입니다. 한국에서 작성된 목록도 이런 리스트를 바탕으로 삼고, 거기에 자국의 역사책과 불교 유교 서적 몇 권을 첨가한 정도여서 남성 지배 엘리트 중심이긴 마찬가지입니다.

이 목록들이 지역·인종·민족·성·계급적으로 얼마나 편향되어 있는지는 몇 가지 예만 봐도 쉽게 알 수 있습니다. 가령 이런 목록들에는 헤로도토스의 『역사』나 사마천의 『사기』는 있어도 오늘날의 역사학을 가능케 한 이슬람 역사학자 이븐 할둔의 『역사서설』(김호동 옮김, 까치, 2003)은 없으며, '그리스 로마 신화'는 있어도 '수메르 신화'는 없고 '단군 신화'가 실린 『삼국유사』는 있어도 '바리데기 설화'가 담긴 구전 문학은 없습니다.

따라서 이 목록을 다 읽었다고 해서 인류 전체의 문명과 정신세계를 이해할 수는 없으며, 인간이란 어떤 존재이며 변방의 작은 나라에 사는 나는 어떤 인간인지 알 수 있는 것도 아닙니다. 나아가 그 목록들의 태반은 20세기 후반기부터 현재까지의 성과들을 누락하거나 극히 일부만을 담고 있기 때문에 현재의 우리를 이해하는 데는 한계가 있습니다. 그러므로 고전을 읽을 때는 이런 한계와 문제점을 알고 이를 극복하고 채워 나가기 위해 의식적으로 노력해야 합니다.

이렇게 말하면 혹시 고전을 읽을 필요가 없다거나 무시하는 것이냐 할지 모르는데 그건 아닙니다. 다만 고전이라 해서 처음부터 고개를 조아리거나 주눅 들지 말자는 뜻이에요. 자신의 질문을 갖고 자기의 눈으로 읽는 것은 모든 책에 똑같이 적용되는 독서의 기본자세이니, 고전도 똑같이 자기 시각으로 당당하게 읽는 게 중요하다는 겁니다.

원전을 읽자

공자 평전 『집 잃은 개』로 유명한 중국 학자 리링은 『논어, 세 번 찢다』(김갑수 옮김, 글항아리, 2012)라는 책에서, "논어를 읽는 가장 좋은 방법은 원서를 중요하게 생각하는 것, 논어라는 책 그대로를 읽는 것"이라고 역설했습니다. 과연 그렇습니다. 『논어』를 비롯한 고전을 당당하게 잘 읽으려면 무엇보다 "책 그대로를 읽는 것", 즉 요약본이나 해설서가 아니라 원전 그대로를 읽는 것이 중요합니다.

고전이라고 하면 흔히 대단한 책, 어려운 책이라고 생각해 해설서부터 찾는 경우가 많습니다. 유명한 고전일수록 이런 책들도 많아서, '하룻밤에 읽는 ○○', '쉽게 이해하는 ○○' 같은 일종의 입문용 해설서부터 고전의 자구 하나하나 꼼꼼히 해석한 심오한 비평서에다 축약본까지 그 종류도 다양합니다. 자연히 독자 입장에서는 고전을 읽으려면 이런 책을 먼저 읽어야 할 것 같은 생각이 들고, 때로는 어려운 고전을 쉽게 풀이했다는 책들을 한두 권 읽고 '아, 이런 내용이군!' 하며 고전을 다 읽은 듯이 여기기도 합니다.

그러나 해설서는 아무리 잘 썼다고 해도 내가 읽으려는 책을 읽는 것이 아니라 먼저 읽은 사람의 독해를 읽는 것입니다. 예를 들어, 메리 램과 찰스 램이 셰익스피어의 희곡을 소설로 고쳐 풀어쓴 『셰익스피어 이야기』는 셰익스피어의 시적 언어를 산문으로 탁월하게 옮겨 2세기가 지난 지금까지도 인정을 받는 책이지만, 이걸 읽고서 셰익스피어를 읽었다고 할 수는 없습니다. 문학은 언어 예술인데 언어가 완전히 다르기 때문입니다. 마찬가지로 니체의 『차라투스트라는 이렇게 말했다』를 읽겠다면서 그 책을 직접 읽는 대신 그에 관한 해설서를 읽는다면, 나는 니체를 읽은 것이 아니라 나보다 먼저 니체를 읽은 사람이 니체라고 생각하는, 니체인 듯 니체 아닌 니체 같은 니체를 읽는 것입니다. 이건 마치 중매쟁이의 말만 듣고서 본 적도 없는 사람을 만났는데 맘에 들더라고 하는 것처럼 이상한 일이지요.

그런데 고전 독서에서는 이런 일이 비일비재하게 일어납니다. 왜 그럴까요? 이해하기가 어렵기 때문이기도 하고, '고전'이란 이름에 압도당한 탓이기도 합니다. 고전이란 내가 뭐라던 이미 걸작으로 결론이 난 책입니다. 따라서 독자의 재량권은 줄어들고 독서는 '걸작임'을 확인하는 수동적인 과정이 되기 쉽습니다. 인류 역사에 한 획을 그은 엄청난 책이니 읽긴 읽어야 할 것 같고, 그런데 섣불리 읽으면 안 될 것 같고, 그러다 보니 자꾸 유명한 사람들의 독서를 곁눈질하는 거예요.

명작을 읽어야 교양인이고 엘리트라고 여기는 우리 사회의 인식도 이런 사정을 부추깁니다.● 즉 스스로의 독서

● 국문학자 박숙자의 『속물교양의 탄생』(푸른역사, 2012)에 따르면, 세계명작을 교양의 척도로 여기는 풍토는 식민지 조선에서 시작되었습니다. 당시 식자층 사이에선 세계명작을 읽는 것

를 해 나갈 내적 동기가 없는 상태에서 이해도 잘 안 되는 책을 읽으려니 남의 독서에 기대게 되고 권위 있는 해석으로 자신의 부족함을 감추려 드는 것입니다.

독서가 훈장도 자랑거리도 아니란 데에는 모두 동의합니다. 그럼에도 칸트의 『순수이성비판』을 읽었네, 마르크스의 『자본론』을 읽었네 하면 많은 사람들이 존경 어린 눈길을 보내며, 그 눈길을 받으면 아무것도 안 하고 그저 책만 읽었을 뿐인데도 우쭐해합니다. 이런 으쓱한 기분이 좋아서 독서를 하는 이들도 꽤 많은데, 하지만 여기엔 대가가 따릅니다. 사람은 사람이고 책은 책이니 머지않아 사람들은 배신감을 토로하며 따집니다. 아니, 그런 책을 읽은 사람이 왜 그 모양이야?

결국 문제는 삶입니다. 잘 살기 위해 책을 읽는 것이지 그 반대가 아니잖아요. 원전을 읽어야 하는 이유도 거기 있습니다. 해설서가 아니라 원전 자체를 있는 그대로 집중해서 읽는 것은 내 식대로 이해하기 위한 토대이며, 내 식대로 이해한다는 것은 내 삶을 살기 위한 출발입니다. 중요한 것은 내 머리로 이해하는 것입니다. 이것은 한 번 읽은 느낌으로 무슨 뜻이라고 단정하거나 유명인의 해석에

이 문화적 취향을 과시하고 엘리트로 행세하는 조건이었다고 해요. 이런 '속물교양'의 전통은 지금까지도 이어져, 수많은 출판사들이 세계문학 전집, 고전 시리즈 등을 앞 다퉈 내놓는 배경이 되고 있습니다. 출판사 입장에선 고전이 가장 쉽고 안정적으로 수익을 창출하기 때문인데, 문제는 이로 인해 새로운 작가의 새로운 작품을 만날 기회는 줄고, 도서관의 비좁은 서가는 엇비슷한 전집류로 채워지는 겁니다. 개중엔 신뢰하기 힘든 번역본들도 많고요.

기대어 알았다고 고개를 끄덕이는 게 아니라 내가 나의 모든 지력을 총동원해 이해하는 것을 말합니다.

고전을 읽는 몇 가지 방법

역사적, 사회적 맥락이 전혀 다른 수백, 수천 년 전의 책을 원전 그대로 읽기는 쉽지 않습니다. 그래서 끝까지 잘 읽으려면 약간의 기술이 필요합니다. 우선, 원전을 읽기 전에 작가와 작품에 대한 짤막한 설명글을 읽어 두면 좋습니다. 아주 길고 전문적인 해설은 원전을 읽기도 전에 독자를 지치게 하거나 선입견을 갖게 할 수 있지만 간단한 배경지식은 고전을 이해하는 데 유용합니다.

또 하나, 번역본이 딱 한 종인 경우에는 번역에 대한 불만을 자제할 필요가 있습니다. 대체할 수 있는 번역본이 없는 상태에서 계속 번역을 문제 삼다 보면 책을 읽을 수도 없고 정신 건강에도 나쁘니까요. 이 밖에 좀 더 공력이 드는 독서법들이 있는데 여기서는 그중 세 가지를 소개할게요.

첫째, 앞서 언급한 리링이 『논어, 세 번 찢다』에서 제시한 독서법입니다. 고고학·고문자학·고문헌학에 통달했다하여 '삼고三古의 대가'로 불리는 그는 이 책에서 『논어』를 읽는 아주 구체적인 방법들을 열거합니다. 예컨대 『논어』는 공자가 제자들과 대화한 문답을 기록한 것이라 길고 두서가 없으니 인내심을 갖고 읽어라, 이해하기 어려운 구절은 제쳐 두라, 모든 말에서 깊은 의미를 구하지 마라, 그 시대에는 이해되었으나 현대에는 이해하기 어려운 문장도 있으니 추측해 보는 것으로 갈음하라, 2천 년 전 공자의 언어를 지금의 의미로 이해하지 마라 등등이 그것인데, 모두 『논어』만이 아니라 오래된 고전을 읽는 데 썩 유용한 노하우들입니다.

특히 그는 공자의 탁월함을 인정하면서도 그 언어에 담긴 한계를 잊지 말라고 강조합니다. 가령 공자가 말하는 '사람'人이란 오늘날 우리가 생각하는 보통 사람이 아니라 소수의 지배 엘리트를 가리키며, 백성은 지배층의 부림을 받는 존재로써, 그래서 '백성 민'民은 주어가 아니라 언제나 '시킬 사'使 뒤에서 목적어로 쓰였다는 점을 분명히 합니다. 따라서 이런 언어의 차이를 간과한 채 공자가 만인을 똑같이 대한 평등주의자이며 민주주의자였다고 읽는 것은 명백한 오독이라는 겁니다. 이 같은 리링의 독법은 고전의 숭배자가 아니라 주체적인 해석자가 되도록 독자를 일깨웁니다.

둘째, 로버트 M. 피어시그의 자전적 철학 소설 『선과 모

터사이클 관리술』(장경렬 옮김, 문학과지성사, 2010)에 나오는 독서
법입니다. 이 작품에서 주인공은 아들 크리스와 함께 모터
사이클 여행을 하면서 삶의 가치를 탐구하는데, 그 내용
중에 소로의 『월든』(그가 모터사이클 관리법 책자 외에 여
행 가방에 챙긴 유일한 책)을 언급하면서 고전을 읽는 색
다른 독서법을 피력하는 대목이 있습니다.

> 한두 문장을 소리 내어 읽고 크리스가 퍼붓는 질문 공세를
> 기다린다. 이어서 그의 질문에 답한 다음 다시 또 다른 문장
> 을 한두 개가량 읽는다. 고전은 이런 방식으로 읽으면 잘 읽
> 힌다. 고전으로 일컬어지는 책들은 이런 방식으로 씌어졌을
> 것이다. 가끔 우리는 저녁 내내 책을 읽고 이야기를 나누기
> 도 하지만 기껏해야 두세 페이지를 읽는 것이 전부임을 확
> 인하기도 한다.

'소리 내어 읽기'와 '함께 읽기'가 어울린 이 방법은, 묻
고 답하며 원전을 읽어 나간다는 점에서 소크라테스식 독
서법이라고 해도 좋겠습니다. (비록 소크라테스는 책 읽기
를 권하기보다는 '죽은 문자'에 매몰되지 말라고 경계했지
만, 질문과 토론을 통해 답을 찾는 과정의 유사성을 생각
해 그의 이름을 따왔습니다.)

형태는 약간 다르지만 제 경우 스피노자의 『에티카』를
바로 이런 방식으로 읽었습니다. 『에티카』는 제가 두어 번

시도했다가 어려워서 못 읽은 책입니다. 앞서 해설서를 읽지 말라고 했으나 이 책은 하도 안 읽혀서 스피노자 평전을 비롯해 이런저런 관련 서적을 찾아 읽었는데 그래도 원전을 대하면 역시 오리무중이더군요. 그러다 우연히 대안연구공동체에서 진행하던 철학자 진태원 선생의 『에티카』 강독반을 알게 되었습니다.

『에티카』는 번호를 매긴 각각의 정리에 증명과 따름정리, 주석 등이 붙은 독특한 형식의 책인데, 강독은 선생이 직접 번역한 정리와 증명 등을 한 문장씩 읽고서 질의응답과 토론을 하는 방식으로 이루어졌습니다. 20여 명이 함께 읽다 보니 의문 나는 것을 전부 다 묻거나 긴 토론을 할 수는 없었지만, 그래도 한 문장 한 문장 내 독해와 다른 사람들의 독해를 비교하고 선생의 설명을 들으니까 무엇을 알고 무엇을 모르는지, 어떤 점을 더 고민해야 하는지 배울 수 있었습니다. 만약 이런 기회가 없었다면 저는 『에티카』를 끝까지 읽을 수 없었을 것이며, 하나의 문장이 얼마나 다양한 방식으로 이해될 수 있는지 가늠조차 못했을 것입니다.

제가 그랬듯이 어렵지만 꼭 읽고 싶은 고전이 있을 때, 이런 소크라테스식 독서법은 퍽 유용합니다. 요즘은 대안연구공동체 외에도 다양한 인문학 공부 모임들이 있으므로 적절한 도움을 얻을 수 있을 것입니다. 단, 이 독서법을 택할 때는 "저녁 내내 기껏해야 두세 페이지를 읽을" 정도로 시간이 아주 오래 걸린다는 점을 염두에 둬야 합니다.

또한 예습과 복습을 통해 자신의 생각을 정리하는 과정이 꼭 필요하다는 것도 잊지 마세요.

셋째는 제가 오래전부터 고전을 읽을 때 사용해 온 독서법입니다. 스승 없이 혼자 어려운 책을 읽을 때 유용한데, 「쓰면서 읽는 법」에서 얘기한 베껴 쓰기의 두 번째 방식과도 통하는 방법입니다.

먼저 읽으려는 고전과 바인더 공책, 서로 비교해 볼 수 있는 두 종 이상의 번역본과 해설서, 여러 색깔의 펜을 준비한 뒤, 원문을 읽고 다른 사람의 해석을 참고해 다시 읽습니다. 중요하다 싶거나 어려운 문장은 공책에 옮겨적고 그 아래에 다른 색깔 펜으로 의미를 적습니다. 유념할 만한 다른 해석이 있으면 그 아래 또 씁니다. 이때 공책의 옆면은 비워서 거기에 내가 무엇을 놓쳤으며 선학先學들과 다르게 읽은 점이 무엇인지, 더 고민할 주제나 나만의 시각 따위를 적어 둡니다. 이때 공책에 넉넉히 여백을 남겨서, 나중에 관련 서적을 읽고 새로운 해석을 알게 되었거나 새로운 아이디어가 떠올랐을 때, 또 생각이 심화되었을 때 계속 첨가할 수 있도록 합니다.

구체적인 제 경험을 이야기하자면, 몇 해 전 『도덕경』에 관심이 생겨 읽으려고 보니 번역본들마다 해석이 다르고 또 뜻을 어떻게 새기느냐에 따라 내용을 이해하는 데도 상당한 차이가 있더군요. 그래서 가장 권위 있는 해석으로

통하는 왕필본[『왕필의 노자주』(임채우 옮김, 한길사, 2005), 『노자 도덕경과 왕필의 주』(김학목 옮김, 홍익출판사, 2000)]과 대중적으로 널리 알려진 오강남 번역본[『도덕경』(현암사, 1995)]을 기본으로, 1973년 중국 마왕퇴에서 발굴되어 세상을 놀라게 한 백서본[『백서 노자』(이석명 옮김, 청계, 2006)], 왕필보다 조금 앞 시기에 통용된 하상공본[『노자 도덕경 하상공장구』(소명출판, 2005)] 등을 틈틈이 참고하면서 읽기로 했습니다.• 그리하여 책상에 서너 권의 책을 죽 펼쳐 놓고 공책에 쓰면서 읽어 나갔는데, 이렇게 한 문장씩 비교하면서 보니까 '도가도 비상도'道可道非常道라는 유명한 첫 문장부터 해석이 달라서 뜻을 오래 곱씹으며 생각하게 되더군요. 그렇게 어느 정도 시간이 지나자 제 나름의 해석도 해 볼 수 있었고요.

제가 이 방법을 쓰기 시작한 것은 스물너덧 살 때 연구소 세미나에서 마르크스주의 이론을 처음 공부하면서부터입니다. 똑같이 책을 봐도 다른 친구들보다 이해력이 현저히 떨어진다는 사실을 알겠더군요. 그래서 쓰면서 읽기 시작했어요. 머리가 나쁘면 몸이 고생한다고, 일일이 손으로 적으면서 읽으니 팔과 어깨가 아프고 손가락 관절에 무리가 가는 부작용은 있지만 스스로 읽고 생각하는 데는 더없이 도움이 되었습니다. 또한 이 독서법을 통해 뭐든 대충

●백서帛書란 비단에 쓴 책으로 시대는 한나라 초기 것으로 추정되며, 하상공은 한나라 때 사람이라고만 알려져 있습니다. 이 밖에도 전혀 다른 해석을 시도한 이경숙 번역본(명상, 2004)도 함께 봤으나 읽어 갈수록 무리한 해석이란 판단이 들어 중간에 덮었지요.

하던 성격이 좀 꼼꼼해지고 책을 정독하는 버릇도 들일 수 있었습니다.

하지만 워낙 공력이 드는지라 모든 책을 이렇게 읽을 수는 없으며 읽을 필요도 없습니다. 다만 자기 인생에 중요한 문제가 있고, 그 문제의 해결책을 찾는 과정에서 어떤 책이 이정표가 될 것 같은데 쉬 이해되지 않는다면, 그때는 이렇게 베껴 쓰고 해석하고 첨삭하면서 집중해서 읽을 필요가 있습니다. 물론 이렇게 읽기 시작했다가 중도 작파한 책들도 많지만, 그 과정에서 스스로 고민하고 사고하며 제 나름의 답을 찾았기에 헛수고를 한 건 아니라 여깁니다.

중요한 것은 유명한 고전을 읽었다거나 마르크스나 노자를 안다는 자부가 아닙니다. 그들도 스스로를 다 알지 못했을 텐데 무슨 수로 제가 그들을 알겠으며, 안다고 자부할 수 있겠습니까. 정말 중요한 것은, 내가 내게 필요한 책을 내 눈으로 읽었고 깊이 생각했고 거기서 배웠고, 그리고 내 인생의 문제에 대해 하나의 답을 찾았다는 것이지요. 책이란 답을 찾기 위한 하나의 과정이고 도구입니다.

그러므로 마르크스가 진짜로 무슨 말을 했는지, 『도덕경』에 대한 왕필의 주석이 옳은지 아닌지를 따지는 건 이 주제 연구자라면 모를까 독자의 인생에선 무의미합니다. 정말 중요한 건 지금 왜 그 책들을 읽는지, 오래전에 살았던 그들에게서 내가 구하는 것이 무엇인지, 그들을 통해 내가 구성한 새로운 삶의 원리가 지금 이 시대의 삶의 문

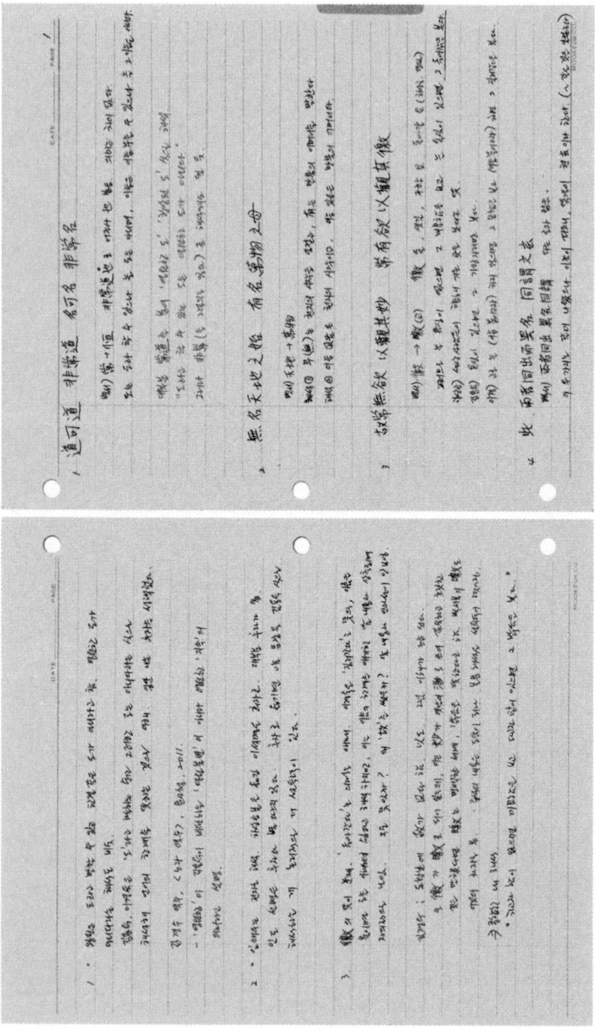

저자가 『도덕경』을 공부한 노트

제에 얼마나 유효하며 얼마나 설득력이 있느냐 하는 것이지요. 책을 제대로 잘 읽으려는 모든 노력은 지금 내 삶의 문제에 제대로 잘 응답하려는 간절한 요구에서 나옵니다. 독서란 다만 그뿐, 그 이상도 그 이하도 아닙니다.

인용한 책들에 대한 짧은 소개

「나는 동양사상을 믿지 않는다」 김경일, 바다출판사, 2012

『공자가 죽어야 나라가 산다』라는 책으로 세상을 놀라게 한 김경일이 자신의 전문 분야인 갑골학을 토대로 『논어』, 『노자』, 『주역』 같은 동양 최고의 고전들을 비판적으로 분석한 책입니다. 서지학적인 분석이 부족한 한국에서 이런 교양서가 있다는 자체만으로도 반가운 일인데, 흥미롭고 충격적인 내용들이 어렵지 않게 씌어 있어 독서의 재미 또한 쏠쏠합니다.

「쌍전」 류짜이푸, 임태홍·한순자 옮김, 글항아리, 2012

『삼국지』와 『수호전』은 중국은 물론 한국에서도 최고의 고전 소설로 꼽히는 작품인데, 중국의 반체제 인문학자 류짜이푸는 이 두 소설이야말로 "대재난의 책"이라고 비판합니다. 군국주의자였던 일본 작가 미시마 유키오의 소설이 그렇듯, 이 작품들도 문학적으로는 뛰어나지만 그 속에 담긴 가치관은 폭력을 부추기고 권모술수를 숭배한다는 점에서 사람의 마음을 파괴하는 "지옥의 문"이라는 겁니다. 유명 작가들이 앞다퉈 번역본을 출간하고 어린이와 청소년의 필독서로 이 책들을 읽히는 한국 사회가 귀담아들어야 할 비판이지만 이 책이 나온 뒤에도 그 관행은 변함이 없는 듯합니다.

『독서에 관하여』 마르셀 프루스트, 유예진 옮김, 은행나무, 2014

『프루스트의 화가들』의 작가 유예진이 프루스트의 예술 에세이
여섯 편을 엮고 옮긴 책입니다. 표제작 「독서에 관하여」는
프루스트가 영국의 비평가 존 러스킨의 『참깨와 백합』이란 책을
번역하고 쓴 역자 서문으로, 보통 역자 서문은 책을 소개하고
상찬하는 내용이 주를 이루지만 이 글은 프랑스에서 단행본으로
출간되었을 만큼 프루스트 고유의 문체와 독자적인 사상이
돋보입니다. 어린 시절의 독서 경험을 추억하는 도입부는 마치
『잃어버린 시간을 찾아서』(국일미디어, 1998)를 읽는 듯해서, 이 소설을
읽고 싶었지만 엄두를 못 냈던 이들에게는 프루스트라는 작가의
매력을 엿볼 수 있는 좋은 기회가 되기도 하지요. 함께 실린 미술에
관한 에세이들은 프루스트의 높은 안목과 함께 예술에 대한 그의
순정하고 엄격한 태도를 보여 줍니다.

『몽테뉴 수상록』 몽테뉴, 손우성 옮김, 동서문화사, 2007

몽테뉴가 평생에 걸쳐 쓴 책으로 '에세이'라는 장르가 여기서
시작되었다고 합니다. 1580년 첫 출간 이래 많은 이들에게 영향을
주었는데, 개중에는 데카르트나 파스칼처럼 그의 영향 아래 철학을
시작했으나 그를 비판하면서 자기 사상을 수립한 이들도 적지
않지요. 한국에서는 일찌감치 완역본(1965년 손우성이 『수상록』으로
번역해 을유문화사에서 3권으로 처음 내놓은 뒤 몇 차례 개정판이
나왔습니다)과 몇 종의 발췌본이 출간되었지만, 최근 들어 『위로하는
정신』, 『어떻게 살 것인가』 등 관련 서적이 잇달아 나온 것에서 알 수
있듯이 갈수록 더 주목을 받는 것 같습니다. 『보바리 부인』의 작가

플로베르는 몽테뉴를 어떻게 읽을까 묻는 친구에게 그 책은 '살기 위해서' 읽으라고 대답했다는데, 그 말처럼 막막한 세상에서 어찌 살아야 할지 고민하는 이들에게 몽테뉴의 문장은 힘이 되어 줍니다. 저 역시 깊은 우울에 빠져 있을 때 평전 작가로 유명한 슈테판 츠바이크의 『위로하는 정신』(유유, 2011)을 통해 몽테뉴를 만났고 위로와 용기를 얻었지요.

책이 워낙 두껍고 다루는 주제도 광범위해서 많은 이들이 발췌본을 읽는데 저는 그래도 완역본을 (읽기 불편한 문장이긴 하지만) 권하고 싶습니다. 두서없이 이어지는 글을 읽다 보면 어느새 두서가 잡히는 묘미는 완역본이 아니면 느끼기 힘들기 때문입니다. 다만 단숨에 독파하려고 하지 말고 아무 때고 마음 내킬 때 아무 데나 펼쳐 읽으면 좋겠습니다. 그러면서 마음에 드는 문장들을 표시해 두고 자기 나름의 발췌본을 만든다면 독서가 더욱 재미있고 깊어질 것입니다.

『난 빨강』 박성우, 창비, 2010

문학이 아동용, 청소년용, 성인용으로 딱딱 구분된다고 생각하진 않지만, 박성우가 청소년을 생각하며 쓴 이 시집을 읽고 청소년 문학이 필요하구나 싶었습니다. 이런 자기들의 문학을 가진 요즘 청소년들이 부럽기도 했고요. 박성우가 이 작품 전에 내놓았던 시집 『가뜬한 잠』(창비, 2007)은 어른용이라기보다 모든 세대에게 맞는다 할 수 있는데, 담백하고 따스하고 웃기면서도 어쩐지 슬픈 시들이 마음을 착하게 만듭니다. 시가 어렵다거나, 아예 살기가 어렵다고 느끼는 사람들은 이런 시를 읽으면 도움이 될 거예요.

『에티카』 베네딕트 데 스피노자

제겐 너무 어려운 『에티카』를 끝까지 읽게 된 건 매튜
스튜어트가 쓴 『스피노자는 왜 라이프니츠를 몰래 만났나』(교양인,
2011) 때문이었습니다. 두 철학자를 대비시키는 흥미로운
구성으로 스피노자의 생애와 철학을 보여 주는데, 그렇게 드러난
스피노자라는 인물이 어찌나 매혹적인지 도저히 그의 책을 읽지
않을 수가 없더군요. 책이 워낙 어려워서 도중에 이런저런 해설서를
뒤적였지만, 원전의 문장을 이해하는 데 도움이 된다기보다
스피노자 철학 언어에 익숙해지는 정도의 효과가 있는 것 같습니다.
해설서 중에 읽기 쉬운 것은 주로 『에티카』를 치유의 심리학처럼
소개하는 것들인데 너무 편향된 독해라서 권하고 싶지 않고, 대신
저의 『에티카』 선생님이기도 했던 철학자 진태원의 『스피노자
윤리학 수업』(그린비, 2022)을 추천합니다. 조금 어려운 대목은 있지만
이만큼 충실한 개론서도 드물지 싶어요. 여력이 된다면 스티븐
내들러의 『에티카를 읽는다』(그린비, 2013)와 『스피노자와 근대의
탄생』(글항아리, 2014)을 읽어도 좋겠습니다. 제 경우 난해한 원전 때문에
완독의 의지가 꺾일 때 이 책들이 힘이 되었습니다.

『에티카』의 한국어 번역본은 강영계(서광사, 2007)와 황태연(비봉출판사,
2014)의 완역본과 조현진의 발췌본(책세상, 2012)이 있습니다. 완역본을
읽으면 좋겠지만 용어나 문장이 어렵고 어색한 데가 많아서
힘들다면 조현진의 발췌본을 권합니다. 번역 문장이 매끄럽고
『에티카』 중에서 스피노자의 주장이 뚜렷이 드러난 부분들을 모아
놓았기 때문에 사상을 이해하는 데 도움이 됩니다.

『노년』 시몬 드 보부아르, 홍상희·박혜영 옮김, 책세상, 2002

시몬 드 보부아르는 『제2의 성』(동서문화사, 2009)을 쓴 페미니즘 사상가로 유명한데, 이 책을 읽고 나면 그를 사르트르와 계약 결혼을 한 독특한 여성 운동가 정도로 기억하는 관행이 얼마나 편협하고 졸렬한지 절감하게 됩니다. 『제2의 성』도 『노년』도 모두 그가 자신의 삶이 제기하는 물음에 답하는 과정에서 나온 저작으로, 그가 참으로 진지하게 질문하고 답을 구했다는 걸 알 수 있습니다. 근래에 나이 듦과 노년에 관한 많은 책들이 나왔지만 이만큼 무게감 있는 성취는 드뭅니다. 일단 분량부터 800쪽에 육박하는데다, 노인에 관한 모든 것을 고대부터 현대까지 방대한 자료를 통해 꼼꼼히 분석하고 있으니 말예요.

『테헤란에서 롤리타를 읽다』 아자르 나피시, 정정호 옮김, 한숲, 2003

이슬람 혁명이 한창이던 1979~1981년 테헤란대학 영문학 교수였던 아자르 나피시는 차도르를 쓰지 않는다는 이유로 해직 당한 뒤 일곱 명의 제자들과 함께 『위대한 개츠비』, 『롤리타』 같은 금서를 읽습니다. 이 책은 그 비밀스런 독서 모임을 기록한 것으로, 대표적인 서구 문학 작품들에 대한 진지한 토론과 더불어, 독재에 맞서 싸우다 상처 입은 젊은이들의 모습을 생생하게 보여 줍니다. 특히 『롤리타』는 "더러운 늙은이가 열두 살 소녀를 강간하는 이야기가 아니라 한 개인의 인생을 다른 사람이 몰수하는 것"이라는 그들의 독법은 나피시의 말처럼 "소설의 핵심은 공감"이며, 책이란 저자가 아니라 독자에 의해서 완성되는 것임을 깨닫게 합니다.

혹시 이 책을 읽고 이란 여성들이 정말 이렇게 지적이고

주체적인지 궁금하다면, 같은 시기 이란 학생 운동을 다룬 파리누쉬
사니이의 소설 『나의 몫』(북레시피, 2017)이나 『자본론』을 읽는 이란
여학생 마르잔 사트라피가 그린 만화 『페르세폴리스』(휴머니스트, 2019)를
보기 바랍니다. 이슬람 여성은 순종적이고 수동적일 거라는 고정
관념이 산산이 깨질 겁니다.

『독서의 역사』 알베르토 망구엘, 정명진 옮김, 세종서적, 2020

책과 독서의 역사를 다룬 책들이 많이 있지만 단연 첫손에 꼽을
만한 책입니다. 고대와 현대를 망라하는 심오하고 방대한 지식이
유려한 문장에 담겨 있어 배우는 기쁨과 느끼는 즐거움을 모두
맛볼 수 있습니다. 다만 정보가 많고 책이 두꺼워서 부담스러울 수도
있는데, 혹시 그렇다면 알베르토 망구엘의 또 다른 독서 에세이
『책 읽는 사람들』(교보문고, 2013)을 권하고 싶습니다. 책에 관한 심오한
통찰과 개인적 경험이 어우러져 독서의 개인적, 사회적 의미에 대해
깊이 생각해 보게 하는 매력적인 책입니다.

『부모와 다른 아이들』 앤드루 솔로몬, 고기덕 옮김, 열린책들, 2014

앤드루 솔로몬이 10년에 걸쳐 300명이 넘는 사람들을 인터뷰하고
쓴 대작입니다. 청각장애, 왜소증, 다운증후군, 자폐증, 정신분열증,
천재, 트랜스젠더, 강간으로 태어난 아이, 범죄를 저지른 아이 등,
여느 아이들과 다른 특성을 가진 자식을 키우는 부모들이 전하는
특별한 이야기가 상상치 못한 인간의 심연을 들여다보게 합니다.

『희망의 인문학』 얼 쇼리스, 고병곤·이병곤·임정아 옮김, 이매진, 2006

『인문학은 자유다』 얼 쇼리스, 박우정 옮김, 현암사, 2014

    미국의 사회평론가 얼 쇼리스는 1995년 뉴욕에서 가난한 이들을 위한 인문학 교육을 시작했습니다. 클레멘트 코스로 알려진 이 교육 과정은 큰 호응을 얻으며 십여 년 만에 한국을 비롯한 전 세계 다섯 대륙에서 진행될 만큼 놀라운 성과를 거두었지요. 『희망의 인문학』은 그가 어떤 계기로 클레멘트 코스를 시작했고 그 기본 사상은 무엇인지를 설명한 책인데, 한국에서 지금처럼 인문학 강좌가 유행하게 된 데는 이 책이 커다란 역할을 했습니다. 쇼리스의 유작이 된 『인문학은 자유다』는 클레멘트 코스가 세계 각지로 확대되는 과정에서 어떤 변화와 성과가 있었는지를 소개한 책입니다. 인문학이 개인이나 사회에 무슨 의미가 있는지 궁금하다면 이 책들을 읽기 바랍니다. 두 권이 많다면 『희망의 인문학』만이라도.

『다산선생 지식경영법』 정민, 김영사, 2006

    10년 전 『미쳐야 미친다』로 인문학 붐을 이끌었던 고전문학자 정민이 정약용의 책 읽기와 책 쓰기의 노하우를 정리한 책입니다. 그 노하우가 워낙 방대하고 치밀해서 따라할 엄두는 나지 않지만, 정약용이 조선 최대의 저술가이자 전방위 지식인이 되기까지 얼마나 지독하게 노력했는지는 알 수 있습니다. 책을 쓴 정민은 정약용에 버금가는 다작을 자랑하는데, 그중에서도 저는 1996년에 출간된 초기작 『한시미학산책』(솔출판사, 1996)을 추천하고 싶습니다. '한시'라는 낯선 세계로 들어가는 데 최상의 안내서라 할 만큼 내용도 구성도

알찹니다. 새로 고쳐 쓴 개정판(휴머니스트, 2010)은 깔끔하게 정돈된
문장과 모양새가 보기 좋지만 어떤 대목에선 젊은 시절 필자의
격정이 담긴 초판본의 문장이 그립기도 합니다.

『동양 고전과 역사, 비판적 독법』 천쓰이, 김동민 옮김, 글항아리, 2014

중국의 서평가 천쓰이가 책과 역사에 관해서 쓴 에세이들을 모아
놓은 책입니다. 1부에서는 고전 읽는 방법을, 2부는 『사고전서』
편찬과 죽림칠현 뒤에 감춰진 진실을, 3부는 부정부패와 고문 등
다양한 역사적 사실들을 다루고 있는데, 주제는 다르지만 관통하는
정신은 하나입니다. 필자가 한국어판 서문에 쓴 "3불三不의 독서법,"
즉 "죽도록 책만 읽거나, 죽은 책을 읽거나, 책만 읽다가 죽지
말라"는 것이지요. 그는 이 정신에 의거해, 죽은 책을 죽도록 읽기만
하다가 세상을 죽음으로 몰고 간 '죽은 역사'를 비판합니다.

『행복한 불행한 이에게』 프란츠 카프카, 서용좌 옮김, 솔출판사, 2004

카프카가 가족과 친구, 지인들에게 쓴 620여 통의 편지를 모은
책입니다. 카프카는 죽기 전 자신의 미발표 작품들을 없애 달라고
했으나 절친한 친구 막스 브로트는 유언과는 정반대로 작품은 물론
그가 쓴 편지들까지 모두 출간했지요. 브로트의 배신(?) 덕분에
카프카라는 전대미문의 작가를 만나게 된 건 고맙지만 카프카의
유언을 생각하면 어쩐지 미안합니다.

아무튼 이 책은 카프카를 깊이 이해하는 데에는 도움이 되지만
워낙 분량이 방대해서 접근하기가 쉽지 않으므로 카프카의 육성이

궁금하다면 대신 『아버지에게 드리는 편지』(문학과지성사, 1999)를 권합니다. 아버지에게 썼으나 실제로 부치지는 않은 이 편지는 카프카 문학을 이해하는 열쇠와도 같아서, 이것을 읽고 아주 짧은 단편 『법 앞에서』와 중편 『변신』, 장편 『소송』을 차례로 읽으면 카프카의 세계가 한층 가깝게 느껴질 것입니다.

『읽지 않은 책에 대해 말하는 방법』 피에르 바야르, 김병욱 옮김, 여름언덕, 2008

프랑스 문학 교수이며 정신분석학자인 피에르 바야르가 읽지 않은 책에 대해 당당하게 말해야 하는 이유부터 방법까지 친절하게 가르쳐 주는 책입니다. 그는 "교양 있는 사람으로 보여야 한다는 속박으로부터 벗어나는 자만이 자기 진실에 이를 수 있다"면서, 필독서니 추천 도서니 하는 것에 구애받지 말고 자신의 독서를 하라고 주장합니다. 독서도 하나의 스펙처럼 여기는 이들이 많은데, 이 책을 통해 "책 읽기란 자기 자신의 자서전을 쓰기 위한 전前 과정"이므로 타인의 시선보다 자기 진실이 훨씬 더 중요하다는 걸 알았으면 좋겠습니다.

『전체주의의 시대경험』 후지타 쇼조, 이순애·이홍락 옮김, 창비, 2014

일본 정치사상가 후지타 쇼조가 1960년부터 1994년까지 쓴 글들을 모아 엮은 책입니다. 수십 년 전 여러 매체와 운동 현장에서 발표한 짤막한 글들이 대부분이지만 그 이론적 깊이와 치열함은 독자의 집중력을 요구합니다. 그래서 머리가 좀 아플 수도 있지만 그럼에도 일단 한 번 읽어 보시라 권합니다. "절망을 거부하는 것만으로도 힘에 겹다"라고 토로하면서도 죽는 날까지 절망을 거부했던 참 지식인의 곧은 목소리가 안락한 일상에 젖은 몸과 마음을 사정없이 깨울 겁니다. "모른다는 자각이 없는 곳에서는 알려고 하는 의욕이 생기지 않는다"며 제대로 알려면 책이 아니라 "모르는 사람"과 만나라고 일갈했던 후지타 쇼조. 그에 대해 더 알고 싶다면 『정신사적 고찰』(돌베개. 2014)도 읽어 보기 바랍니다.

『소크라테스의 변론 / 크리톤 / 파이돈 / 향연』 플라톤, 천병희 옮김, 숲, 2012
　본문에서 인용한 『변론』은 불경죄 등으로 고발당한 소크라테스가 법정에서 무죄를 주장하며 한 연설을 옮겨 적은 것으로, 당시 여러 제자들이 그것을 기록했으나 현재는 플라톤과 크세노폰이 남긴 것만 전해집니다.
　플라톤은 수많은 저작을 스승 소크라테스를 주인공으로 한 대화 형식으로 썼는데, 『변론』이나 『크리톤』 같은 초기 저술은 소크라테스의 육성에 가까운 반면 『국가』, 『티마이오스』 등 중후기 저작들은 플라톤 자신의 사상이 담긴 것으로 평가됩니다. 따라서 소크라테스의 진짜 모습이 궁금하다면 플라톤의 초기작들 외에 크세노폰이 남긴 『소크라테스 회상』(최혁순 옮김. 범우사. 2015) 같은 책을 함께 읽어도 좋겠습니다.

『독서의 학』 요시카와 고지로, 조영렬 옮김, 글항아리, 2014
　세계적인 중국문학자 요시카와 고지로가 책을 어떻게 읽어야 하는지, 『사기』, 『한서』, 『논어』 등 고전을 예로 들어 설명한 책입니다. 그가 특히 강조하는 것은 언어가 전하는 객관적 사실을 넘어 언어 그 자체에 담긴 뜻을 읽는 독서, 그 언어를 쓴 저자를 읽는 독서입니다. 다양한 고전 분석에서 드러나는 정밀하고 섬세한 독법이 놀랍지만 종횡무진하는 지식을 따라가기가 쉽지는 않은데, 이럴 땐 그가 두보의 삶과 시에 대해 쓴 『시절을 슬퍼하여 꽃도 눈물 흘리고』(조영렬·박종우 옮김, 뿌리와이파리, 2009) 같은 책을 먼저 읽어도 좋겠습니다. 저자를 읽는다는 것이 무엇인지 잘 보여 줍니다.

『시인의 집』 전영애, 문학동네, 2015

시인이자 독문학자인 전영애가 파울 첼란, 잉게보르크 바하만, 프란츠 카프카, 라이너 쿤체 등 13인의 시인이 남긴 자취를 찾아갑니다. 에스토니아에서 시작한 여정은 괴테의 마지막 열정이 머문 마리엔바트를 거쳐 '마침내 찾은' 필자 자신의 거처에서 끝이 나는데, 그 길에서 읽는 작가들의 삶과 문학이 가슴 저미게 아름답습니다. 문학, 특히 시를 읽는 태도와 방법을 가르쳐 주는 책입니다.

책 먹는 법:
든든한 내면을 만드는 독서 레시피

2015년 8월 24일   초판 1쇄 발행
2024년 8월 4일   초판 9쇄 발행

지은이
김이경

펴낸이	**펴낸곳**	**등록**
조성웅	도서출판 유유	제406-2010-000032호(2010년 4월 2일)

주소
경기도 파주시 돌곶이길 180-38, 2층 (우편번호 10881)

전화	**팩스**	**홈페이지**	**전자우편**
031-946-6869	0303-3444-4645	uupress.co.kr	uupress@gmail.com

	페이스북	**트위터**	**인스타그램**
	www.facebook .com/uupress	www.twitter .com/uu_press	www.instagram .com/uupress

편집	**디자인**	**마케팅**
조편	이기준	전민영

제작	**인쇄**	**제책**	**물류**
제이오	(주)민언프린텍	라정문화사	책과일터

ISBN 979-11-85152-37-0 04020
     979-11-85152-36-3 (세트)

박물관 보는 법
보이지 않는 것을 보는 감상자의 안목
황윤 글, 손광산 그림

박물관을 제대로 알고 감상하기
위한 책. 소장 역사학자이자 박물관
마니아인 저자가 오래도록 직접
발품을 팔아 수집한 자료와 직접
현장을 누비면서 본인이 듣고 보고
느낀 내용을 흥미로운 스토리텔링
방식으로 집필했다. 우리 근대
박물관사의 흐름을 한눈에 꿰게 할 뿐
아니라 그 흐름을 만들어 간 사람들의
흥미로운 사연과 앞으로 문화 전시
공간으로서 박물관이 나아갈 바람직한
방향까지 가늠하게 해 준다.

일제 치하에서 왜곡된 방식으로
근대를 맞게 된 우리 박물관의 역사도
이제 100여 년이 되었다. 박물관을
설립하는 데 관여한 사람들과 영향을
준 사건들을 살피다 보면 유물의
소장과 보관의 관점에서 파란만장한
우리 근대 100년사를 일별할 수 있다.
또한 공간의 관점에서도 단순히
유물과 예술품을 전시하는 건물로만
여겨졌던 박물관이 색다르게 다가온다.
보이지 않던 박물관의 면모가 보이고
이를 통해 박물관을 관람하는 새로운
시야를 열어 줄 것이다.

책 먹는 법
든든한 내면을 만드는 독서 레시피
김이경 지음

저자, 번역자, 편집자, 논술 교사,
독서 모임 강사 등 텍스트와
관련한 여러 가지 일을 오래도록
섭렵하면서 단련된 독서가 저자
김이경이 텍스트 읽는 법을
총망라하였다. 읽기 시작하는 법,
질문하면서 읽는 법, 있는 그대로
읽는 법, 다독법, 정독법, 여럿이
함께 읽는 법, 어려운 책 읽는 법,
쓰면서 읽는 법, 소리 내어 읽는 법,
아이와 함께 읽는 법, 문학 읽는 법,
고전 읽는 법 등 여러 가지 상황과
처지에 맞게 책을 접하는 방법을
자신의 인생 갈피갈피에서 겪은
체험과 함께 소개한다.

학생이 배우고 익히는 법
미국 명문고 교장이 각계 전문가들과
완성한 실용 공부법

리처드 샌드윅 지음, 이성자 옮김

저자 리처드 샌드윅은 대학교에서
교육 심리학을 공부했고 고등학교의
교장으로 부임해 그 학교를 미국
내 명문학교로 키우는 데 큰 공헌을
한 사람이다. 그는 학생의 공부
습관이나 노하우에 관심을 갖고 꼭
필요한 요령을 파악해 학생에게
도움을 주고자 했다. 그는 이 책을
각 분야의 전문가의 도움을 받아
완성했다. 심리, 교육부터 영양까지
다채로운 분야의 전문가의 조언으로
다듬어진 덕분에 이 책은 교사와
학부모의 높은 신뢰를 받아
오래도록 학생 교육 방면에서
스테디셀러로 자리매김했다.
"학생들이 효율적인 공부를 하기
위한 보편 원칙을 간단히 터득하게
하는 것"을 목적으로 한다고 밝힌
데에서도 알 수 있듯, 이 책은 공부의
보편 원칙을 앞에 놓고 개별 과목의
공부법을 뒤에 두어 먼저 공부할
때 동기를 부여하려 한다. 학생에게
공부란 무엇인지, 왜 공부를 해야
하는지 설명하고, 뒤이어 공부하는
법을 알려 준다.

서평 쓰는 법
독서의 완성

이원석 지음

서평은 독서의 완성이다. 하지만
아직까지 우리는 서평의 본질에
대한 이해조차 부족하다. 흔히들
책의 요약이나 독후감을 서평으로
이해하지만 서평은 책의 요약이
아니다. 요약은 서평의 전제로서
고급 독자는 서평으로 자기 생각을
내놓는다. 또한 원칙적으로 모든
저자는 서평 쓰기로부터 집필을
시작한다. 그렇다면 서평은 모든
글쓰기의 시작이라고 볼 수 있다.
이 책은 그 시작을 본질부터 차근차근
설명한 안내서다.

어린이책 읽는 법
남녀노소 누구나

김소영 지음

어린이가 평생 독자로 되기를 바라는
어른을 위한 어린이책 안내서.
어린이에게 책이 무엇인지, 독서가
무엇인지 알려 주고, 아이와 책장을
정리하는 법, 분야별로 책 읽는 법과
좋은 책 이야기를 알차게 담았다.
이야기마다 저자가 독서교실에서
만난 아이들의 생생한 일화를 예로
들고 있어 더욱 친근감을 준다.
한편으로 저자는 이 책이 어린이만을
위한 것이 아니라 책 읽기가 정체된
어른에게도 유익하리라 권한다.
실제로 어른도 읽어 보고 싶은
어린이책이 가득 소개되어 있다.

도서관 여행하는 법

앎의 세계에 진입하는 모두를 위한
응원과 환대의 시스템

임윤희 지음

오랫동안 도서관 열혈 이용자로
살다가 지역 도서관 운영위원,
도서관을 채우는 책 만드는 사람이 된
'도서관 덕후'의 이야기. 전 세계
다양한 도서관을 여행하고 변하고
있는 우리 주변 도서관을 살피며
도서관에 대해 느낀 점을 차곡차곡
모아 엮었다. 누군가 앎의 세계에
진입하고자 할 때 도서관이 어떤
역할을 할 수 있는지, 마땅히 어떤
기능을 수행해야 하는지 제언하며,
우리가 몰랐던 사서의 역할과
노력에 대해서도 생각해 볼 여지를
마련해 준다.

작은 책방 꾸리는 법

책과 책, 책과 사람, 사람과 사람을 잇는 공간

윤성근 지음

십 년 넘게 한 자리에서 작은
책방을 알뜰살뜰 꾸려 온 경험 많은
책방지기가 들려주는 책방 운영법.
주인장 혼자 꾸려 나가기에 적당한
책방의 규모는 어느 정도인지, 서가는
어떻게 꾸며야 하고 인테리어는 어떻게
해야 좋은지, 어떤 마음과 태도로,
어떤 철학을 가지고 일해야 책방을
잘 꾸려 오래도록 유지할 수 있는지 등
초보 책방지기라면 누구든 궁금해할
질문들을 거의 모두 다뤘다.

유튜브로 책 권하는 법

'보는' 사람을 '읽는' 사람으로 변화시키는
일에 관하여

김겨울 지음

책 읽는 사람보다 영상 보는 사람이
많은 시대에 좋은 책 이야기를 더
널리 알리고 읽는 일의 가치를 전하기
위해서 영상 속에 책을 옮겨 심은
북튜버의 이야기.
"북튜브는 어떻게 하는 건가요?
구독자는 어떻게 모았나요? 촬영
장비는 뭘 쓰고 편집은 어떻게 하나요?
북튜버는 돈을 벌 수 있나요? 앞으로
북튜버는 지금보다 더 주목받을 수
있을까요?" 초보·예비 북튜버들이
궁금해하는 질문에 대한 답과 이제껏
확연히 드러난 적 없는 북튜브 일의
이면에 관한 이야기까지 모두 담았다.